W0288161

Duden

Ausgeschieden

Abiwissen

Geschichte

Französische Revolution, Deutsche Nationalbewegung und Industrialisierung

Dudenverlag
Mannheim · Zürich

Bibliografische Information der Deutschen Nationalbibliothek
Die Deutsche Nationalbibliothek verzeichnet diese Publikation in der Deutschen Nationalbibliografie; detaillierte bibliografische Daten sind im Internet über http://dnb.d-nb.de abrufbar.

Sek II
Geschichte

Gesch
233

Das Wort **Duden** ist für den Verlag Bibliographisches Institut GmbH als Marke geschützt.

Alle Rechte vorbehalten.
Nachdruck, auch auszugsweise, vorbehaltlich der Rechte, die sich aus den Schranken des UrhG ergeben, nicht gestattet.

© Duden 2011
D C B A
Bibliographisches Institut GmbH
Dudenstraße 6, 68167 Mannheim

Redaktionelle Leitung: Simone Senk
Redaktion: Gabi Gumbel
Autor: Asmut Brückmann

Herstellung: Andreas Preising
Layout: Horst Bachmann
Umschlaggestaltung: Hemm-communication.design, Filderstadt
Satz: Kösel, Krugzell
Druck und Bindung: Heenemann GmbH & Co. KG
Bessemerstr. 83–91, 12103 Berlin
Printed in Germany

ISBN 978-3-411-74671-2

1 Französische Revolution

2 Deutsche Nationalbewegung, Restauration und Revolution

3 Industrialisierung und soziale Frage

1
Französische Revolution

In den Augen der Zeitgenossen war und auch aus heutiger Sicht ist die Französische Revolution ein Ereignis von epochaler Bedeutung. Ihre Erschütterungen und Umwälzungen veränderten fast alle europäischen Staaten und legten die Grundlagen zu ihren weithin heute noch geltenden Staats- und Gesellschaftsordnungen. Mit der Französischen Revolution wurde der Übergang von der alten Ständeordnung mit der Dominanz des Adels zu einer **bürgerlichen Gesellschaft** ohne Privilegien eingeleitet, in ihrem Verlauf wurden die Universalität beanspruchenden **Menschen- und Bürgerrechte** formuliert sowie staatliche Herrschaft durch das Prinzip der **Volkssouveränität** begründet und legitimiert.

1.1
Die Krise des Ancien Régime

In der zweiten Hälfte des 19. Jahrhunderts geriet die absolutistische Monarchie in Frankreich aus verschiedenen Gründen in eine existenzbedrohende Krise:

- Das überkommene Korsett der **ständischen Gesellschaftsordnung** mit seiner Rechtsungleichheit und ungerechten Verteilung der finanziellen Lasten erwies sich angesichts einschneidender ökonomischer und sozialer Veränderungen als nicht mehr zeitgemäß, vor allem Bürger und Bauern forderten Reformen.
- Der Staat wurde angesichts erheblicher **finanzieller Probleme** zusehends handlungsunfähig. Insbesondere kostenträchtige Kriege hatten die öffentlichen Kassen geleert.
- Die auf Ludwig XIV. folgenden schwachen Herrscher konnten die bisher starke **Stellung der Krone** gegenüber Adel und Geistlichkeit kaum noch behaupten.
- Die Ideen der **Aufklärung,** die überkommene Denkweisen, Herrschaftsverhältnisse und gesellschaftliche Strukturen kritisch überprüften, gewannen vor allem beim gebildeten Bürgertum Raum und stellten das System grundsätzlich infrage.

1.1.1
Die Ständegesellschaft in Frankreich

Ab dem Mittelalter gliederte sich die Gesellschaft in Frankreich in drei hierarchisch aufgebaute Stände, die **Geistlichkeit** als ersten Stand, den **Adel** als zweiten Stand und **Bürgertum und Bauernschaft** als dritten Stand. Man wurde in der Regel in einen Stand hineingeboren, der König konnte aber auch verdienstvolle Bürger in den Adelsstand erheben. In den ersten Stand gelangte man durch die Priesterweihe bzw. das Mönchsgelübde. Diese Ordnung sah man als naturgegeben und gottgewollt an.

Das brachte der oberste Gerichtshof Frankreichs, das Parlament von Paris, in einer Stellungnahme von 1776 klar zum Ausdruck:

Die französische Monarchie setzt sich ihrem Aufbau nach aus mehreren unterschiedenen und getrennten Ständen zusammen. Diese Unterscheidung von Lebensbedingungen und Menschen geht auf den Ursprung des Volkes zurück; sie ist mit seinen Lebensgewohnheiten entstanden; sie ist die kostbare Kette, die den Herrscher an seine Untertanen bindet. […] Obgleich alle in gleicher Weise treu und gehorsam sind, hat man ihre verschiedenen Lebensbedingungen nie miteinander vermischt, und die Natur ihrer Dienstleistungen hängt wesentlich von der ihres Standes ab.

Basiswissen **Stand**

Unter Stand versteht man eine rechtlich und sozial abgeschlossene Gruppe eines hierarchisch geordneten Gesellschaftssystems, deren Zugehörigkeit durch Geburt oder Funktion bestimmt wird und die sich durch **besondere Rechte und Privilegien** einerseits und durch **besondere Pflichten und soziale Funktionen** andererseits von anderen Ständen unterscheidet. Die Standesunterschiede werden oft durch bestimmte ethische Normen, Verhaltensweisen und Lebensstile (z. B. Kleiderordnungen) manifestiert und durch religiöse, naturrechtliche oder auf den Staat bezogene Theorien von der Ungleichheit der Menschen legitimiert.

Geistlichkeit (erster Stand)

Der Klerus (ca. 130 000, etwa 0,5 % der Bevölkerung) war weitgehend von Steuern befreit und unterlag nicht der ordentlichen Gerichtsbarkeit. Die höchsten Kirchenämter (Bischofs- und Erzbischofssitze, Leitung von Klöstern) waren Vertretern des Adels vorbehalten. Diese widmeten sich wenig ihren eigentlichen Aufgaben und konnten aus Grundbesitz und Kirchenzehnt hohe Einkünfte erzielen. Die einfachen Geistlichen in Stadt und Land, die sich täglich um den Gottesdienst und die Seelsorge kümmerten, stammten meist aus dem Bürgertum oder vom Land, waren selbst oft arm, kannten die Nöte des Volkes und sympathisierten meist mit dem dritten Stand.

Adel (zweiter Stand)

Ebenso wie der Klerus brauchte auch der Adel (ca. 350 000, etwa 1,4 % der Bevölkerung) fast keine Steuern zu zahlen und genoss gerichtliche Sonderrechte. Die höheren Ämter in Justiz, Verwaltung, Kirche und Militär waren ausschließlich Adligen vorbehalten und als Grundherren auf dem Land besaßen sie zahlreiche soziale und wirtschaftliche Vorrechte (z. B. Jagdrecht). Auffällig waren große Vermögensunterschiede zwischen Hoch- und Provinzadel; mancher einfache Landadlige lebte nur in unwesentlich besseren finanziellen Verhältnissen als seine Bauern. Neben dem Geburtsadel gab es noch die wachsende Gruppe des Dienstadels: wohlhabende Bürger, die vom König wegen ihrer Verdienste oder nach Ämterkauf in den Adelsstand erhoben worden waren.

Bürgertum und Bauern (dritter Stand)

Der weit überwiegende Teil der Bevölkerung (etwa 98 %) bildete die sehr heterogene Gruppe des dritten Standes. Er bestand aus

- dem **Wirtschafts- und Großbürgertum,** das durch wirtschaftliche Aktivitäten im Fern- und Überseehandel, im Manufakturgewerbe, im Bergbau oder als Steuer- bzw. Zollpächter zu großem Wohlstand gekommen war;
- dem **Bildungsbürgertum** (Juristen, Mediziner, Beamte, Literaten usw.), das zusammen mit dem Großbürgertum das wirtschaftliche und kulturelle Leben des Landes beherrschte;
- dem **Kleinbürgertum** mit seinen zahlreichen Handwerkern und Händlern;
- der großen Menge der **Lohnarbeiter, Tagelöhner,** Dienstboten und Erwerbslosen;
- der **bäuerlichen Landbevölkerung** (etwa 85 % der Gesamtbevölkerung); das waren zum geringen Teil wohlhabende Bauern mit Grundeigentum, vor allem aber Kleinbauern und Landarbeiter, die meist am Rand des Existenzminimums auf von adligen, geistlichen oder bürgerlichen Grundherren gepachtetem Land lebten und arbeiteten; dazu Landlose, Gelegenheitsarbeiter und Vagabunden.

Der dritte Stand finanzierte mit seinen Steuern und Abgaben den Staat fast ausschließlich. Dabei litten die Bauern unter einer dreifachen Belastung: Neben den direkten und indirekten Steuern an den Staat waren sie zusätzlich zu Zahlungen an die Kirche (Kirchenzehnt) und zu Naturalabgaben, Frondiensten und Gebühren an die Grund- und Gerichtsherren verpflichtet, mit denen diese ihren aufwendigen Lebensstil bestreiten konnten.

Die Karikatur aus der Revolutionszeit setzt die Unterdrückung des dritten Standes durch Klerus und Adel ins Bild.

1.1.2 Finanzkrise des Staates und Schwächung der Krone

Obwohl die Wirtschaft Frankreichs im 18. Jahrhundert florierte, war der Staat trotz ständig steigender Steuern stark verschuldet. Ludwig XIV. hatte bei seinem Tod 1715 mehr als drei Milliarden Livres **Staatsschulden** hinterlassen. In den folgenden Jahrzehnten überstiegen die Staatsausgaben fast regelmäßig die Steuereinnahmen. Vor allem Frankreichs kriegerisches Engagement im Österreichischen Erbfolgekrieg (1740/41–48), im Siebenjährigen Krieg (1765–63) und im amerikanischen Unabhängigkeitskrieg (1775–83) ließ die Schuldenlast gewaltig anschwellen. Der Staatshaushalt konnte nur durch ständige Ausgabe von Anleihen, d.h. durch neue Schulden, ausgeglichen werden, wovon vor allem reiche Finanziers aus dem Großbürgertum profitierten. Am Vorabend der Revolution floss über die Hälfte der Staatseinnahmen in den Schuldendienst, das jährliche Defizit betrug 20%. Der Staat wurde zusehends handlungsunfähig, der **Staatsbankrott** drohte.

Scheitern von Finanzreformen

Mehrere Finanzminister versuchten im Lauf des 18. Jahrhunderts, die Staatseinnahmen durch eine Aufhebung der Steuerbefreiung der ersten beiden Stände sowie durch den Aufbau einer effektiven staatlichen Finanzverwaltung zu steigern. Alle diese Projekte scheiterten jedoch:

- Zum einen verweigerten die obersten Gerichtshöfe des Landes, die mit Juristen aus dem Amtsadel besetzten **Parlamente,** ohne deren Zustimmung (durch Registrierung) königliche Gesetze nicht in Kraft treten konnten, und auch vom König eigens einberufene und von Privilegierten dominierte **Notabelnversammlungen** einer Steuerreform ihre Zustimmung.
- Zum anderen gelang es nicht, die **Steuerpächter,** die einen großen Teil der staatlichen Einnahmen (indirekte Steuern, vor allem die verhasste Salzsteuer) gepachtet hatten und in deren Taschen ein erklecklicher Teil der Steuern hängen blieb, zu entmachten.

Schwächung der Krone

Die Unfähigkeit der Krone, gegen den Widerstand der Privilegierten eine Finanzreform durchzusetzen, offenbarte die Schwäche der absoluten Herrschaft des Königs. Vor allem der Adel witterte Morgenluft und hoffte, durch eine Fundamentalopposition in den Parlamenten und den Provinzen seine Macht und damit die vorabsolutistischen Verhältnisse wiederherstellen zu können. Vertreter des dritten Standes unterstützten den Adel vorübergehend im Widerstand gegen den König, bis sie die eigensüchtigen Motive des Adels durchschauten, sich von ihm abwandten und eigene weiter gehende Forderungen aufstellten.

Basiswissen **Generalstände**

Die Generalstände **(États généraux)** wurden 1302 in Frankreich eingerichtet. Sie bestanden aus je 300 Vertretern des Klerus, Adels und dritten Standes (Bürger und Bauern). Ihr wichtigstes Recht war das der **Steuerbewilligung.** Abgestimmt wurde nach Ständen getrennt und en bloc, sodass jeder Stand eine Stimme besaß; das war angesichts der Zahlenverhältnisse eine eklatante Bevorzugung der mitgliederschwachen ersten beiden Stände und Benachteiligung des mitgliederstarken dritten Standes. Am Konflikt um die Abstimmungsmodalitäten entzündete sich schließlich die erste Phase der Französischen Revolution.

Schließlich wurde 1787/88 zur Lösung der Staatskrise die **Einberufung der Generalstände** gefordert, die im Zuge des Ausbaus der absolutistischen Herrschaft in Frankreich nach 1614 nicht mehr zusammengetreten waren. Dafür setzten sich sowohl

Vertreter der Parlamente und der Notabeln als auch des dritten Standes sowie reformwillige Adlige und Kleriker ein, jedoch aus zum Teil unterschiedlichen Motiven: Dem Adel ging es – wie bereits erwähnt – um die Einschränkung der königlichen Macht zu seinen Gunsten, dem dritten Stand und den Reformern hingegen um eine gerechtere Besteuerung und ein stärkeres Mitspracherecht im Staat.

1.1.3 Kritik der Aufklärung

Besonders im gebildeten Bürgertum des dritten Standes, aber auch bei einigen Klerikern und Adligen fasste zur gleichen Zeit das Gedankengut der Aufklärung Fuß und gab der Kritik an den bestehenden Zuständen ein geistiges Fundament. Beflügelnd und anregend wirkte besonders das Vorbild der erfolgreichen amerikanischen Revolutionäre, die sich bei ihrem Unabhängigkeitskampf gegen das britische Mutterland ausdrücklich auf Ideen der Aufklärung beriefen und Freiheit, Gleichheit, Menschenrechte und die Selbstregierung des Volkes proklamierten.

Basiswissen Aufklärung

Unter der Aufklärung versteht man eine in Europa im 17. und 18. Jahrhundert entstandene geistige Bewegung, die von der Grundüberzeugung einer **autonomen menschlichen Vernunft** ausging. Ihr Anliegen war es, alle gesellschaftlichen, politischen, religiösen, weltanschaulichen und ethischen Institutionen und Normen **kritisch zu überprüfen** und diejenigen zu beseitigen oder zu ignorieren, die sich nicht vernunftgemäß begründen lassen. Die Aufklärer hofften, so den **Fortschritt der Menschheit** und die **Freiheit des Einzelnen** voranzubringen. Wichtige Vertreter der Aufklärung waren die Franzosen Charles de Montesquieu (1689–1755), Voltaire (1694–1778) und Jean-Jacques Rousseau (1712–1778), der Brite John Locke (1632–1704) und der Deutsche Immanuel Kant (1724–1804).

In Frankreich gewann die Aufklärung mit den Schriften von Voltaire, Montesquieu und Rousseau eine ausgesprochen politische Note. Langfristig folgenreich war besonders Montesquieus **Lehre von der Gewaltenteilung,** die er in seinem Hauptwerk „Vom Geist der Gesetze“ (1748) entwickelte. In einem idealen Staat müssten die drei Gewalten Exekutive, Legislative und Judikative getrennt sein. Lägen diese – wie im absolutistischen Frankreich – in einer Hand, so führe das zu Machtmissbrauch und schade der individuellen Freiheit der Bürger:

Wenn die gesetzgebende Gewalt mit der ausführenden in einer Person […] vereinigt ist, dann gibt es keine Freiheit, weil man fürchten kann, derselbe Herrscher oder derselbe Senat werde tyrannische Gesetze geben, um sie tyrannisch auszuführen. Es gibt auch keine Freiheit, wenn die richterliche Gewalt nicht von der gesetzgebenden und von der ausführenden getrennt ist.

Voltaire, der wegen seiner „ketzerischen“ Schriften immer wieder von Haft bedroht war und lange Jahre im Ausland leben musste, glaubte an den langfristigen Sieg der Vernunft, prangerte Justizirrtümer an und setzte sich für Menschenrechte, persönliche Freiheit und Toleranz ein.

Biografie **Voltaire**

Voltaire (eigentlich François Marie Arouet) kam schon 1717 wegen seiner kritischen Haltung für elf Monate ins Gefängnis. Als 1726 eine zweite Haft drohte, floh er nach Großbritannien, dessen politisches System er als vorbildlich kennenlernte. 1729 nach Frankreich zurückgekehrt, veröffentlichte er vier Jahre später die „Philosophischen Briefe", in denen er die **politischen und geistigen Verhältnisse Frankreichs mit denen Großbritanniens verglich.** Als das Werk vom Pariser Parlament verurteilt und verbrannt wurde, floh Voltaire nach Lothringen. Dort lebte er bis 1748. Später hielt er sich am Hof Friedrichs II. von Preußen in Potsdam auf und ließ sich ab 1758 auf einem Landgut bei Genf nieder, wo er bis zu seinem Tod lebte. Neben zahlreichen Theaterstücken schrieb Voltaire eine Fülle von politischen Pamphleten sowie zahlreiche staatstheoretische, geschichtswissenschaftliche und religionskritische Schriften.

Auf **Rousseau** geht die Idee der **Volkssouveränität** zurück. In seiner Schrift „Der Gesellschaftsvertrag" von 1762 entwickelte er seine politischen Vorstellungen: Der Staat beruhe auf einem Gesellschaftsvertrag, durch den die freien, gleichen und autonomen Bürger als Souveräne des Staates ihren Zusammenschluss vereinbarten. Diese regelten das Zusammenleben einvernehmlich durch Gesetze, in denen sich der allgemeine Wille manifestiere **(Volonté générale).** Die staatsbürgerliche Tugend des Einzelnen bestehe deshalb darin, den Gesetzen zu gehorchen, die man sich selbst gegeben habe. Die privaten Einzelinteressen **(Volonté de tous)** müssten sich dem Allgemeinwohl unterordnen.

1.1.4 Frankreich am Vorabend der Revolution

In den 1780er-Jahren spitzte sich die Situation zu. Die politische und finanzielle Schwäche der Zentralregierung, der Geist der Aufklärung und eine wirtschaftliche und soziale Krise kamen zusammen und bereiteten der Revolution den Weg. Im Einzelnen spielten folgende Faktoren eine Rolle:

- In Frankreich wuchs die **Bevölkerung** zwischen 1715 und 1785 von 18 auf 26 Millionen Menschen an. Die landwirtschaftliche Produktion konnte mit diesem Bevölkerungswachstum kaum Schritt halten; zudem drängten zahlreiche junge Arbeitskräfte auf den ohnehin schon überfüllten Arbeitsmarkt.
- Die **Einfuhr** billiger britischer Industrieprodukte (besonders von Textilien) machte dem einheimischen Gewerbe schwer zu schaffen.
- Nach 1785 suchten Viehseuchen und Missernten die Landwirtschaft heim.
- Starke **Preissteigerungen** bei Grundnahrungsmitteln, besonders bei Brotgetreide, ein Absinken der Reallöhne und eine wachsende Arbeitslosigkeit in den Städten ließen weite Bevölkerungskreise verarmen; Bettelei und Wegelagerei nahmen zu, zwischen zehn und zwanzig Prozent der Arbeitslosen lebten als Vagabunden auf der Straße. Plünderungen und Brandstiftungen häuften sich.
- Die **Beschwerden der Bauern** nahmen zu, weil ihre Agrarproduktion nur mit Mühe für den Eigenbedarf reichte und mögliche Zuverdienste durch Heimarbeit

wegen der Textilkrise wegfielen. Ihre Lage wurde zusätzlich dadurch belastet, dass in dieser Zeit viele Grundherren Pachten und Abgaben erhöhten.

- Die **Unzufriedenheit des Bürgertums** mit der Zentralregierung und den staatlichen Behörden wuchs, da Korruption und Misswirtschaft sowie Ämterkauf weit verbreitet waren sowie Presse und Schrifttum der Zensur unterlagen.
- Die **Kritik des Bürgertums** entfaltete durch die Bildung von Klubs, Salons und Lesezirkeln eine breite Wirkung. Dort wurden die Schriften von Voltaire, Montesquieu, Rousseau und anderen gelesen und diskutiert sowie Missstände wie Verschwendung und Vetternwirtschaft angeprangert. Eine Fülle von Zeitungen, Flugschriften und Traktaten erschien, systemkritische Bücher erlebten hohe Auflagen (z. B. erschien Rousseaus „Gesellschaftsvertrag" allein 1762/63 in 13 Auflagen).

Einberufung der Generalstände

Angesichts dieser desolaten Lage gab der König im August 1788 dem Drängen der Parlamente, der Reformer und des dritten Standes nach und berief die **Generalstände** zum Mai 1789 ein. Strittig blieb der **Abstimmungsmodus.** Der dritte Stand forderte eine Verdoppelung seiner Abgeordnetenzahl auf 600 Sitze und die Abstimmung nach Köpfen, um so mit reformbereiten Geistlichen und Adligen eine Mehrheit in der Versammlung zu erlangen. Nach einigem Zögern gestand Ludwig XVI. zwar die Erhöhung der Abgeordnetenzahl zu, verweigerte aber eine Abstimmung nach Köpfen, sodass im Grund alles beim Alten blieb.

Im Frühjahr 1789 begannen die Wahlen zu den Generalständen, an denen alle steuerzahlenden Männer über 25 Jahre teilnehmen konnten. In mehr als 60 000 **Beschwerdeheften** (Cahiers des doléances) stellten Versammlungen in den Gemeinden ihre Wünsche und Beschwerden zur Erörterung bei den Generalständen zusammen. Sie forderten u. a. eine Verfassung, die Proklamation der Menschenrechte, die Abschaffung der Privilegien, Freiheit für Handwerk und Handel und die Behebung der Versorgungskrise. Niemand verlangte die Abschaffung der Monarchie.

Biografie | **Ludwig XVI.**

Ludwig XVI. aus dem Geschlecht der Bourbonen (1754–93) war der letzte Herrscher des Ancien Régime. 1774 wurde er König und übernahm von seinem Vorgänger einen Staat am Rand des Ruins. Als Herrscher war er zwar guten Willens und beim Volk auch beliebt, doch war er zu schwach, die Privilegien der ersten beiden Stände zur Sanierung der Staatsfinanzen zu beschneiden. Angesichts der Staatskrise zeigte er sich zwar zu Reformen bereit, nicht aber zu einer Anerkennung des Prinzips der Volkssouveränität. Nach seinem **Fluchtversuch** aus Frankreich von 1791 und der **Radikalisierung der Revolution** ab 1792 wurde ihm als Repräsentanten des alten Systems der Prozess gemacht. 1793 starben er und seine Gemahlin Marie-Antoinette auf der Guillotine.

1

1.2 Die bürgerliche Revolution 1789 bis 1792

Die erste Phase der Französischen Revolution begann mit dem Sturz des Ancien Régime und endete mit der Errichtung einer vom Bürgertum getragenen konstitutionellen Monarchie. Dabei griffen **drei revolutionäre Bewegungen** ineinander, die von unterschiedlichen Bevölkerungsgruppen ausgingen und entsprechend auch verschiedene Ziele hatten. Diese drei Bewegungen beeinflussten und verstärkten sich gegenseitig. Es gab

- die im Wesentlichen vom Bürgertum ausgehende **Revolution der Abgeordneten,** denen es um Mitbestimmung im Staat und eine Finanzreform ging;
- die vom Kleinbürgertum und von Handwerksgesellen, Arbeitern und Arbeitslosen getragene **Revolution der einfachen Stadtbevölkerung,** die eine Verbesserung ihrer sozialen Lage zu erreichen suchte;
- die **Revolution auf dem Land,** wo die Bauern ihre feudalen Lasten abschütteln wollten.

1.2.1 Die Revolution der Abgeordneten

Am 5.5.1789 wurden die Generalstände in Versailles feierlich eröffnet. In der Gruppe der Geistlichen dominierten einfache, vielfach zu Reformen bereite Pfarrer. Auch ein Drittel der Adligen war gemäßigt fortschrittlich gesinnt. Beim dritten Stand stellte das gebildete Bürgertum die Mehrheit, dazu kam noch eine erhebliche Anzahl von Großhändlern, Manufakturbesitzern und Bankiers. Unter den insgesamt 1165 Abgeordneten gab es allerdings keine Bauern, Handwerker oder Arbeiter.

Am 5.5.1789 traten die Generalstände erstmals seit 175 Jahren in Versailles wieder zusammen („Eröffnung in Anwesenheit Ludwigs XVI. und des königlichen Hofes", zeitgenössische Radierung von Isidore Stanislas Helman).

Von der Ständeversammlung zur Nationalversammlung

Weil die Mehrheit der ersten beiden Stände und der König nach wie vor auf einer nach Ständen getrennten Beratung und Abstimmung beharrten und außerdem die königliche Regierung nur über eine Finanzreform zu verhandeln bereit war, nicht aber über eine grundsätzliche Reform des Staates, entschloss sich der dritte Stand zu einem **revolutionären Schritt.** Er erklärte sich am 17. Juni zur **Nationalversammlung** (Assemblée nationale) und forderte die anderen beiden Stände auf, sich ihm anzuschließen. Damit beriefen sich die Vertreter des dritten Standes in dem Bewusstsein, fast die gesamte Bevölkerung zu vertreten, auf das Prinzip der Volkssouveränität. Sie durchbrachen die mittelalterliche Ständeordnung und stellten sich als gleichwertige und autonome Gewalt neben den König.

Die Mehrheit der Geistlichen und vereinzelte Adlige folgten dem dritten Stand. Der König jedoch versuchte, weitere systembedrohende Schritte der revolutionären Abgeordneten zu verhindern, und ließ deren Versammlungssaal einfach sperren. Daraufhin kamen diese in einem provisorischen Versammlungslokal, dem sog. **Ballhaus,** zusammen und leisteten einen **feierlichen Eid:**

Da die Nationalversammlung davon überzeugt ist, dass sie berufen ist, die Verfassung des Königreichs festzulegen […] und die wahren Grundsätze der Monarchie aufrechtzuerhalten, kann nichts verhindern, dass sie ihre Beratungen fortführt, an welchem Ort auch immer sie gezwungen wird, sich niederzulassen. […] Demgemäß beschließt sie, dass alle Mitglieder dieser Versammlung sofort einen feierlichen Eid leisten, sich niemals zu trennen und sich überall da zu versammeln, wo es die Umstände erfordern, bis die Verfassung des Königreichs auf fester Grundlage errichtet und gesichert ist.

Als danach weitere Geistliche und Adlige sich dem dritten Stand anschlossen, gab der König schließlich nach und forderte auch die restlichen Vertreter der ersten beiden Stände auf, sich mit dem dritten Stand zur Nationalversammlung zu vereinigen.

Chronologie	Das Ende des Ancien Régime
17.6.1789	Der dritte Stand erklärt sich zur **Nationalversammlung.**
20.6.1789	**Ballhausschwur;** Abgeordnete schwören, erst nach Verabschiedung einer Verfassung auseinanderzugehen.
Juli/Aug. 1789	Revolutionäre Unruhen auf dem Land, die „Große Furcht".
14.7.1789	**Sturm auf die Bastille,** das königliche Gefängnis in Paris.
Aug. 1789	**Abschaffung der Feudalordnung und des Ständestaats, Erklärung der Menschen- und Bürgerrechte.**
5./6.10.1789	Zug der Frauen nach Versailles und Übersiedlung der königlichen Familie nach Paris.
3.9.1791	Verabschiedung einer **Verfassung,** Frankreich wird eine konstitutionelle Monarchie.
20.4.1792	Kriegserklärung Frankreichs an Österreich.
20.9.1792	**Kanonade von Valmy:** Sieg der Revolutionstruppen über Österreich und Preußen. Konstituierung des **Nationalkonvents.**

Die Abschaffung der Feudalordnung und die Erklärung der Menschenrechte

Während die Nationalversammlung tagte, kam es in Stadt und Land zu revolutionären Unruhen (vgl. Kap. 1.2.2 und 1.2.3). Gleichzeitig wuchs bei den Abgeordneten die Furcht vor einem aristokratischen Gegenschlag, als der König um Paris Truppen zusammenzog und liberale Minister entließ. Diese Entwicklungen setzten die Nationalversammlung unter Handlungszwang, wollte sie den radikalen Kräften von unten, die das Bürgertum und den Adel gleicherweise bedrohten, wie auch den reaktionären Bestrebungen der Krone einen Riegel vorschieben. Grundlegende Reformen sollten die Lage beruhigen und die Neuerungen stabilisieren:

- In der Nacht vom 4. zum 5. August beschlossen die Abgeordneten die **Abschaffung des Feudalsystems** und des **Kirchenzehnts.**
- Am 26. August verabschiedete die Nationalversammlung nach amerikanischem Vorbild eine **Erklärung der Menschen- und Bürgerrechte,** die Bestandteil der neuen Verfassung sein sollten: Freiheit und Gleichheit aller Menschen vor dem Gesetz (einschließlich Meinungs- und Pressefreiheit, Sicherheit des Eigentums und Widerstandsrecht) und bestimmte Bürgerrechte im Staat (Mitwirkung an der Gesetzgebung, Gewaltenteilung, Steuergerechtigkeit, Zugang zu allen Ämtern).

Damit wurde die politische durch eine soziale Revolution ergänzt. Juden (Gleichberechtigung ab 1791), Sklaven (Abschaffung der Sklaverei und Gleichberechtigung ab 1794) und Frauen blieben jedoch zunächst von diesen Errungenschaften ausgeschlossen. Auch das Problem der wirtschaftlichen Ungleichheit ignorierte man.

1.2.2 Die Revolution in den Städten

Die Furcht vor einem reaktionären Gegenschlag und die Lebensmittelkrise mobilisierten zur gleichen Zeit auch die Pariser Stadtbevölkerung, vor allem Kleinhändler, Handwerker und Gesellen. Massenversammlungen und Demonstrationen waren an der Tagesordnung. Der wachsende Druck der Straße zeigte bald Wirkung:

- Aus der Versammlung der Pariser Wahlmänner bildete sich ein Ausschuss **(commune),** der die **Stadtverwaltung** von Paris übernahm und sich um die Versorgung der Bevölkerung kümmern sollte.
- Die Nationalversammlung gründete aus Mitgliedern des Stadtbürgertums zum Schutz der Revolution eine **Bürgermiliz,** die mit blau-roten Kokarden (Stadtfarben von Paris) geschmückten **Nationalgarden.**
- Die Aufständischen von Paris zerstörten die verhassten Zollhäuser, bewaffneten sich mit 32 000 Gewehren aus dem Invalidenhaus und zogen vor die **Bastille,** das alte königliche Staatsgefängnis und Symbol der absolutistischen Herrschaft.
- Im **Sturm auf die Bastille am 14. Juli** wurde die Festung erobert, die Besatzung massakriert und die wenigen Gefangenen befreit. Dieser Tag symbolisierte die Beseitigung der feudalen Tyrannei und wurde 1880 zum französischen Nationalfeiertag erklärt.
- Nach dem Sturm auf die Bastille zog der König seine Truppen zurück, erklärte sich eins mit der Nation und erkannte die Veränderung der Machtverhältnisse an, indem er sich eine blau-weiß-rote Kokarde ansteckte, die den Bund zwischen Thron (weiß) und Hauptstadt zum Ausdruck bringen sollte. Die ersten Adligen flüchteten daraufhin ins Ausland.
- In vielen **Provinzstädten,** die schon immer mit der Zentralgewalt auf Kriegsfuß gestanden hatten, entwickelten sich die Verhältnisse ähnlich wie in Paris: Bürgerkomitees ersetzten die alten Magistrate, Nationalgarden wurden aufgestellt und fast überall bestimmte das Besitzbürgertum jetzt die Stadtregierungen.

Eskalation im Spätsommer 1789

Im Spätsommer 1789 weigerte sich der König, der Abschaffung des Feudalsystems und der Erklärung der Menschen- und Bürgerrechte zuzustimmen. Außerdem verschlimmerte sich die Versorgungslage – die Brotpreise stiegen weiter, viele Hausfrauen warteten vergeblich vor den Bäckerläden. Überdies nahm die Arbeitslosigkeit dramatisch zu. Als in Paris bekannt wurde, dass königliche Offiziere bei einem Bankett in Versailles die revolutionäre Kokarde in den Staub getreten hatten, kam es zum sog. **Zug der Frauen.** Am 5. Oktober versammelten sich – möglicherweise von revolutionären Patrioten organisiert – einige Tausend Frauen und eine große Menge männlicher Bürger vor dem Rathaus, um ihrem Protest Luft zu machen. Plötzlich erscholl in der Menge der Ruf „Auf nach Versailles!“. Alsbald machte sich der Zug der Frauen – begleitet von etwa 20 000 Männern und etwa 15 000 Mann der Nationalgarde – auf den Marsch zum Königsschloss nach Versailles. Dort forderten sie vom König Brot und die Entlassung der Offiziere. Schließlich drangen die Demonstranten am 6. Oktober in das Schloss ein und zwangen die königliche Familie, mit ihnen nach Paris zu ziehen. Ein Abgeordneter der Nationalversammlung dazu:

Eine bunt gemischte Menge von Männern mit Piken, [...] von Weibern mit dreifarbenen Kokarden, die Pappelzweige trugen, und von anderen Weibern, die auf Kanonen ritten, umgaben die Karosse des Königs. Die Gewehre zum Zeichen des Sieges mit Eichenlaub geschmückt, ununterbrochenes Musketenfeuer, [...] grobe Beleidigungen gegen die Königin, Drohungen gegen die Priester und Adeligen: Das war der schimpfliche und barbarische Zug, der den König, die Königin und die königliche Familie auf einem Marsch von mehr als sechs Stunden zum Pariser Rathaus begleitete.

Damit war der König dem Einfluss des Adels entzogen und faktisch zum **Gefangenen der Revolution** geworden. Auch die bisher in Versailles tagende Nationalversammlung verlegte ihren Verhandlungsplatz nun in die Hauptstadt.

1.2.3 Die Revolution auf dem Land

Die Revolution auf dem Land war kurz, aber heftig. Durch die **Missernten** von 1788 und einen **harten Winter** waren viele Bauern in Bedrängnis geraten und machten ihrem Verdruss schon im Frühjahr 1789 in **zahlreichen lokalen Revolten** Luft. Die Vorgänge in Paris gaben der Erregung der Bauern weitere Nahrung. Als im Juli 1789 dann noch Gerüchte von umherziehenden Räuber- und Bettlerbanden, von Komplotten der Adligen und von einem bevorstehenden Einmarsch ausländischer Truppen aufkamen, explodierte die gespannte Lage. Die schon lange mit dem **Feudalsystem unzufriedenen Bauern** verweigerten Abgaben, bewaffneten sich, stürmten und plünderten Klöster und Schlösser, steckten sie in Brand und verwüsteten herrschaftliche Wälder. Vor allem aber beschlagnahmten und vernichteten sie die Urkunden, die ihre feudalen Abgaben und Dienstpflichten dokumentierten.

Diese panikartigen Reaktionen und Gewaltattacken gingen als die sog. **Große Furcht** in die Revolutionsgeschichte ein und brachten auch die adligen und andere konservative Mitglieder der Nationalversammlung dazu, am 4./5. 8. 1789 der Auflösung der alten Feudalordnung zuzustimmen (vgl. Kap. 1.2.1), um eine weitere Eskalation zu vermeiden. Als die Hauptforderungen der Bauern erfüllt waren, beruhigte sich die Lage rasch wieder – die Revolution auf dem Land, die eine wichtige Rolle beim Sturz des alten Systems gespielt hatte, war im Wesentlichen vorbei. Zwar flackerten die Unruhen in den folgenden Jahren wegen des sich nur langsam dahinziehenden Abbaus der Feudallasten hin und wieder noch einmal auf, doch entscheidend griffen die Bauern nicht mehr in das Revolutionsgeschehen ein.

1.2.4 Die Arbeit der Constituante und die Verfassung von 1791

Im Mittelpunkt der Arbeit der Nationalversammlung, die sich jetzt **Constituante** (verfassunggebende Versammlung) nannte, stand die Erarbeitung einer Verfassung für Frankreich. Doch bereits vor der Verabschiedung dieser neuen staatlichen Grundordnung im September 1791 beschloss die Versammlung eine neue Verwaltungsgliederung des Landes sowie eine Reihe von Gesetzen, durch die die Finanzsituation und die Wirtschaftskraft des Staates verbessert werden sollten.

- **Enteignung des Kirchenguts:** Eine der einschneidendsten Maßnahmen war die Einziehung des kirchlichen Besitzes durch den Staat, immerhin etwa zehn Prozent des gesamten Grund und Bodens. Von dem Verkauf dieser Ländereien erhofften sich die Abgeordneten eine Umverteilung des Landbesitzes und einen Beitrag zur Verminderung der Staatsschulden. Im Gegenzug übernahm der Staat die Versorgung der Geistlichen, das Personenstandswesen und die Armenpflege. Die angestrebten Ziele wurden allerdings kaum erreicht: Nutznießer waren wohlhabende Bürger und Bauern; die Staatsschuld wurde nicht entscheidend reduziert.
- **Ausgabe von Assignaten:** Zur Lösung der Finanzprobleme gab die Regierung Assignaten aus, das waren zunächst verzinsliche Schuldverschreibungen, denen die noch zu verkaufenden Kirchengüter, königliche Domänen und Besitztümer emigrierter Revolutionsgegner als Deckung dienen sollten. Sie wurden meist als Papiergeld benutzt, dessen Wert bald rapide sank, da die Assignaten schrankenlos vermehrt wurden, um den Finanzbedarf des Staates zu decken.
- **Zivilverfassung des Klerus:** Die Geistlichen wurden zu Staatsbeamten erklärt und in die staatliche Verwaltung eingegliedert. Als sie gezwungen werden sollten, einen staatlichen Treueeid zu leisten, kam es zum Bruch zwischen revolutionstreuen Priestern und Eidverweigerern. Letztere fanden Unterstützung beim Papst, der zentrale revolutionäre Prinzipien wie die Menschenrechte verurteilte. Die Spaltung ging durch alle Schichten der Bevölkerung und kostete die Revolution besonders bei der tiefgläubigen Landbevölkerung viele Sympathien.
- **Einführung von Gewerbe- und Handelsfreiheit:** Wichtig für die wirtschaftliche Entwicklung war die Abschaffung der Zünfte, die Einführung der Gewerbefreiheit und der freien Wahl des Arbeitsplatzes. Außerdem wurden Handels- und Marktbeschränkungen aufgehoben. Zusammenschlüsse von Arbeitern und Handwerksgesellen oder gar Streiks dagegen wurden ausdrücklich verboten.
- **Vereinheitlichung von Maßen und Gewichten:** Zur Erleichterung des Handels und des Zahlungsverkehrs vereinheitlichten die Abgeordneten Maße und Gewichte und führten das metrische System mit Metern und Kilogramm ein.
- **Neugliederung in 83 Departements:** Das Land wurde unter Zerschlagung historisch gewachsener Grenzen nach geografischen Gesichtspunkten in 83 neue Verwaltungseinheiten (Departements) gegliedert. Die männliche Bevölkerung wählte die Verwaltungsorgane der Departements und der Gemeinden nach dem Zensuswahlrecht.

- **Justizreform:** Die Constituante schuf eine rational gegliederte und vom König unabhängige Gerichtsorganisation mit Geschworenengerichten, gewählten Richtern für Strafsachen und gewählten Friedensrichtern für Zivilangelegenheiten.

Die Verfassung von 1791

In der Verfassung sollten sich die Grundsätze von Gleichheit, Freiheit, Volkssouveränität und Gewaltenteilung manifestieren. Das gelang nur bedingt, weil besonders das Gleichheitsprinzip nur so weit verwirklicht wurde, wie es dem Bürgertum nützte. Wesentliche Bestimmungen der Verfassung waren:

- Das aus nur einer Kammer bestehende Parlament besaß das Recht der **Gesetzgebung,** das **Budgetrecht** und die **Entscheidung über Krieg und Frieden.**
- Man schuf zwei Klassen von Bürgern und ein gestuftes **Wahlsystem.** Wahlrecht besaßen nur die sog. **Aktivbürger,** das waren Männer über 25 Jahre, die Steuern im Wert von mindestens drei Arbeitstagen zahlten. Damit war etwa ein Drittel der männlichen Bevölkerung im Wahlalter von der politischen Mitbestimmung ausgeschlossen. Die Aktivbürger bestimmten **Wahlmänner** (etwa 50 000), die über Grundbesitz oder Vermögen im Steuerwert von 150 bis 200 Arbeitstagen verfügen mussten. Diese schließlich wählten die Abgeordneten sowie die Richter und Verwaltungsbeamten in den Departements.
- Die **Exekutive** lag in der Hand des Königs, der an die Verfassung gebunden war. Er ernannte bzw. entließ die ihm verantwortlichen Minister und die höchsten Beamten; er befehligte Heer und Flotte und den diplomatischen Dienst. Mithilfe eines aufschiebenden Vetorechts konnte er Gesetzesinitiativen des Parlaments zwei bis sechs Jahre blockieren. Das Parlament auflösen konnte er allerdings nicht.
- Die Verfassung enthielt die **Erklärung der Menschen- und Bürgerrechte.**

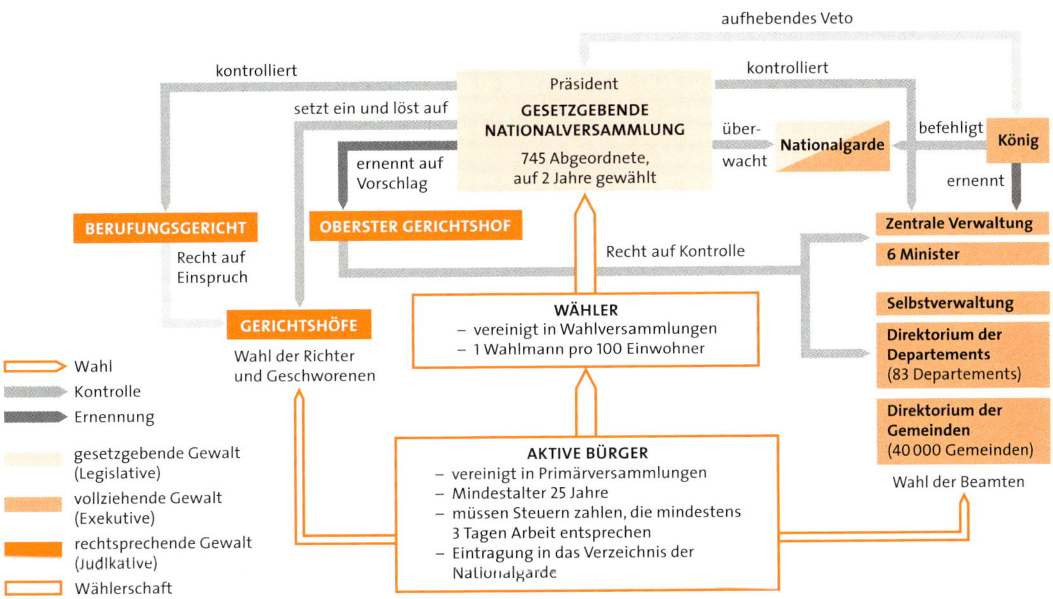

Verfassung von 1791

1.2.5 Die Krise der konstitutionellen Monarchie

Nach der Verabschiedung der Verfassung fanden im September 1791 Neuwahlen statt. An die Stelle der Constituante trat nun die **Gesetzgebende Nationalversammlung (Assemblée nationale législative)** mit 745 Abgeordneten. Die Abgeordneten der Constituante hatten beschlossen, bei der Neuwahl nicht wieder zu kandidieren. In der Legislative saßen daher in der Mehrheit relativ junge, noch unbekannte Männer. Ihre Zusammensetzung spiegelte die verschiedenen Fraktionen und Gruppierungen wider, in die sich die Revolutionäre in der Zwischenzeit aufgesplittert hatten. Diese organisierten sich in Klubs und nannten sich nach den leer stehenden Klöstern, in deren Räumen sie sich trafen.

Die Jakobiner

Die Linke bestand aus 136 Mitgliedern des 1789 gegründeten Jakobinerklubs, der sich in ganz Frankreich ausgebreitet hatte (benannt nach dem Dominikanerkloster St. Jakob als Treffpunkt). Weil die Jakobiner im Sitzungssaal auf den oberen Rängen saßen, nannte man sie auch **Bergpartei.** Durch sein Auftreten und sein rednerisches Talent entwickelte sich im Lauf der folgenden Monate der Jurist und Präsident des Jakobinerklubs Maximilien Robespierre (1758–94) zu ihrem Anführer.

Der **linke Flügel** der Jakobiner um Männer wie den Arzt Jean-Paul Marat (1743–93) sowie die Rechtsanwälte Georges Danton (1759–94) und Camille Desmoulins (1760–94), die sich im **Klub der Cordeliers** trafen, forderten eine Weiterführung der Revolution und die Einführung des allgemeinen Wahlrechts. Sie stützten sich dabei vor allem auf Kleinbürger und Arbeiter, die sog. **Sansculotten.** Ihre organisatorische Basis hatten sie bei der Nationalgarde und den permanent tagenden Sektionsversammlungen der Pariser Kommune.

Basiswissen **Sansculotten**

Als Sansculotten bezeichnete man die Kleinbürger und Arbeiter, die die Revolution stützten. Zum Zeichen ihrer revolutionären Gesinnung trugen diese keine Kniehosen (culottes) wie die Adligen, sondern **lange Hosen (pantalons)** und eine sog. **Jakobinermütze** als Freiheitssymbol mit einer blau-weiß-roten Kokarde.

Die große Mehrheit der Jakobiner nannte man **Girondisten** (nach dem Departement, aus dem führende Mitglieder stammten). Sie gehörten meist dem Bildungsbürgertum an, standen aber auch dem Wirtschaftsbürgertum nahe. Ihr Sprecher war der Journalist Jacques Brissot (1754–93). Das Ziel der Girondisten war es, die Errungenschaften der Revolution gegen äußere und innere Feinde zu verteidigen; sie waren also gegen eine weitere Radikalisierung mithilfe von Aktionen „der Straße", wie sie vor allem die Cordeliers propagierten.

Die Feuillants

Der politische Widerpart der Jakobiner waren die 264 Abgeordneten des Klubs der Feuillants, die sich im Sommer 1791 von ihnen abgespalten hatten. Diese traten für eine Beendigung der Revolution auf der Basis der Verfassung von 1791 ein und plädierten für eine Zusammenarbeit mit den gemäßigten Monarchisten, um so die Vorherrschaft des Bürgertums abzusichern.

Die Konstitutionellen bzw. das Zentrum

Zwischen beiden Flügeln stand eine große Gruppe von 345 Abgeordneten, die zwar grundsätzlich die Revolution befürworteten, aber keine klare Position bezogen, sondern in ihren Meinungen hin- und herschwankten. Abschätzig wurden sie meist der „Sumpf" oder nach ihrem Platz im Sitzungssaal die „Ebene" genannt.

Biografie **Maximilien Robespierre**

Robespierre gehörte als Vertreter des dritten Standes den Generalständen und der Constituante an. Schon bald schloss er sich dem Jakobinerklub an. Dort spielte er wegen seiner vom **Geist Rousseaus** gespeisten Reden, seinem Eintreten für die kleinen Leute und seiner schlichten Lebensführung eine führende Rolle. Ab 1792 geriet er wegen seiner radikaler werdenden Ansichten in Gegensatz zu den Girondisten. Er wurde Mitglied der Pariser Kommune und des Nationalkonvents, wo er zum Führer der Bergpartei avancierte, und war die **treibende Kraft beim Todesurteil gegen Ludwig XVI.** Ab 1793 setzte Robespierre verstärkt auf Terror zur Durchsetzung seiner revolutionären Ziele. Als Vorsitzender des Wohlfahrtsausschusses gelang es ihm, gestützt auf die Sansculotten, die Girondisten und rivalisierende Führer der Radikalen auszuschalten und ein diktatorisches Regiment zu errichten. Durch **revolutionären Terror mit Massenhinrichtungen** sollten die inneren und äußeren Feinde der Revolution vernichtet werden. Als er den Terror 1794 noch weiter verschärfte und die Sansculotten immer unzufriedener mit seinem Regime wurden, gelang es seinen Gegnern, ihn festzunehmen und hinzurichten. Am 28.6.1794 endete sein Leben auf der Guillotine.

Bedrohungen der Revolution von innen und außen

Die neue konstitutionelle Ordnung geriet schon bald durch gegenrevolutionäre Kräfte von verschiedenen Seiten unter Druck:

- von **Aristokraten,** die im In- und Ausland zum Umsturz rüsteten,
- von **Priestern,** die nicht mit der vom Parlament beschlossenen Verstaatlichung der Kirche einverstanden waren und den verlangten Treueid verweigerten,
- von den **alten europäischen Mächten** (besonders Österreich und Preußen), die den Emigranten Schutz boten und mit einem militärischen Eingreifen gegen das revolutionäre Frankreich drohten (**Pillnitzer Deklaration** vom August 1791),
- vom **König,** der im Juni 1791 bei einem **Fluchtversuch** ins Ausland festgenommen und nach Paris zurückgebracht wurde.

Revolutionärer Krieg

Im April 1792 erklärte die Mehrheit der Legislative unter Führung der Girondisten Österreich den Krieg. Man verfolgte dabei mehrere Ziele. Man wollte

- die gegenrevolutionären Kräfte im Ausland ausschalten,
- die aristokratische Opposition ihrer auswärtigen Unterstützung berauben und

- durch die Kampagne gegen einen äußeren Feind von den inneren Problemen (anhaltende Versorgungskrise) ablenken.

Auch König und Adel bejahten den Krieg in der Hoffnung auf eine Niederlage des Revolutionsregimes und eine Wiederherstellung der vorrevolutionären Verhältnisse.

Verlauf des Krieges

In den ersten Monaten nahm der Krieg für Frankreich einen katastrophalen Verlauf. Die Armee war in einem schlechten Zustand, viele adlige Offiziere waren emigriert. So brachten die feindlichen Truppen den Franzosen zunächst mehrere Niederlagen bei und marschierten nach Frankreich ein. Die Gefahr für das Vaterland weckte jedoch den Patriotismus der Bevölkerung und zahlreiche Freiwillige meldeten sich zu den Waffen. Die **Kanonade von Valmy** (20.9.1792) brachte schließlich die Wende. Die Revolutionstruppen konnten die Invasionsarmee bezwingen und bis zum Rhein vordringen. So konnte sich das revolutionäre Frankreich gegen die alten Mächte behaupten. Damals entstand die Nationalhymne der Franzosen, die **Marseillaise,** das Kampflied der Freiwilligen aus Marseille.

Verschärfung der Krise und Radikalisierung der Revolution

Der Krieg radikalisierte die Franzosen. Besonders das – von Emigranten redigierte – **Manifest des Herzogs von Braunschweigs** (25.7.1792) heizte die königsfeindliche Stimmung an. Darin drohte dieser schwere Vergeltungsmaßnahmen an, sollten die Franzosen sich dem König nicht unterwerfen oder der königlichen Familie etwas antun. Nun wurden die Rufe nach der Absetzung des Königs immer lauter. Während die Legislative noch zögerte, übernahmen die Vertreter aus den verschiedenen Pariser Sektionen das Kommando:

- Sie töteten am 9. August den Kommandanten der Nationalgarde und bildeten eine neue **revolutionäre Stadtverwaltung,** die zum **Sturm auf die Tuilerien,** das königliche Stadtschloss, und zur Gefangennahme des Königs aufrief.
- Am folgenden Tag erstürmten Bewohner der Pariser Vorstädte, unterstützt von Revolutionären aus der Provinz, gewaltsam das Schloss. Der König floh in den Schutz der Legislative, die ihn auf Druck der Sansculotten seines Amtes enthob. Außerdem rief sie alle Männer über 21 Jahre zur **Wahl eines Nationalkonvents** und zur **Ausarbeitung eine republikanischen Verfassung** auf.
- Als neue Regierung setzte die Legislative einen **Provisorischen Vollzugsrat** unter Vorsitz Dantons ein, der nun die Landesverteidigung und den Kampf gegen revolutionsfeindliche Kräfte organisierte.
- Im August und September 1792 lösten königsfreundliche Aufstände in verschiedenen Provinzen eine Terrorwelle aus. In Paris verübten aufgebrachte Kleinbürger Anfang September ein blutiges Massaker an weit über 1000 in Pariser Gefängnissen Inhaftierten, die man verdächtigte, der Revolution in den Rücken fallen zu wollen **(Septembermorde).**
- Der neu gewählte **Nationalkonvent** traf sich am 20.9.1792, am Tag der Kanonade von Valmy, zu seiner konstituierenden Sitzung.

1.3
Die radikale Revolution 1792 bis 1794

An der Wahl zum neuen Nationalkonvent hatten sich nur zehn Prozent der Wahlberechtigten beteiligt. Gegenüber der Gesetzgebenden Nationalversammlung hatte es einen Linksruck gegeben: Die Feuillants waren nicht mehr vertreten, sodass jetzt die etwa 200 **Girondisten** den rechten Flügel der 750 Abgeordneten bildeten. Ihnen gegenüber standen gut 100 Vertreter der Linken bzw. **Bergpartei,** rund 450 Abgeordnete zählte man zum unentschlossenen Zentrum **(Ebene, Sumpf).** Schon bald bestimmte der Gegensatz zwischen Gironde und Bergpartei das politische Geschehen.

- **Girondisten:** Partei des Besitzbürgertums und der Legalität, Ablehnung von Massenaktionen, Betonung von Eigentumsrecht und Wirtschaftsfreiheit; Stärkung der Provinzen durch eine eher föderalistische Staatsordnung und Schwächung der Zentralgewalt.
- **Bergpartei:** Partei des Mittel- und Kleinbürgertums sowie des einfachen Volks, Massenaktionen als politisches Kampfmittel, notfalls Einschränkungen bei Eigentums- und Freiheitsrechten zur Behebung sozialer Krisen und Verwirklichung sozialer Gleichheit; Stärkung der Zentralgewalt gegenüber dem übrigen Frankreich.

1.3.1
Die bedrohte Republik

Zunächst agierte der Konvent noch einmütig: Am 21.9.1792 beschloss er die Abschaffung des Königtums und erklärte Frankreich zu einer **einheitlichen und unteilbaren Republik.** Dieser einschneidende Neubeginn wurde durch die gleichzeitige Einführung einer **neuen Zeitrechnung** unterstrichen. Mit dem 22.9.1792 begann das „Jahr I der französischen Republik"; ein Jahr darauf erhielten Tage und Monate neue Namen und Wochen und Tage wurden nach dem Dezimalsystem unterteilt (Ende 1805 kehrte man wieder zum alten System zurück). In den Folgemonaten bestimmten folgende Probleme die Arbeit des Konvents:

- das **Schicksal des Königs,** dessen Verrat an der Revolution durch die Entdeckung geheimer Korrespondenzen mit Gegnern der Revolution im In- und Ausland offenbar geworden war;
- der Umgang mit den von den französischen Truppen **eroberten Gebieten;**
- die kriegerische Auseinandersetzung mit der drohenden Einkreisung durch eine **antifranzösische Koalition** und
- die Bewältigung der bedrohlichen **Wirtschafts- und Versorgungskrise.**

Diese Problembereiche und die Reaktionen des Auslands auf das Vorgehen der Revolutionäre beeinflussten sich in der Folgezeit gegenseitig und bewirkten eine rasch fortschreitende Radikalisierung der Revolution ab 1793.

Prozess gegen den König

Auf Betreiben der Bergpartei, allen voran Robespierres, Dantons und Marats, machte der Konvent Ludwig XVI. im Winter 1792/93 wegen „Verschwörung gegen die öffentliche Freiheit" und „Anschlägen gegen die nationale Sicherheit" den Prozess.

Dabei kam es zu heftigen Auseinandersetzungen zwischen gemäßigten und radikalen Abgeordneten, weil der König nicht der ordentlichen Gerichtsbarkeit überantwortet und so das gerade eingeführte Prinzip der Gewaltenteilung übergangen wurde. Robespierre rechtfertigte das Vorgehen mit den Worten:

Ludwig ist kein Angeklagter, Ihr seid keine Richter. Ihr seid nur Staatsmänner und Vertreter der Nation [...]. Ihr habt kein Urteil für oder gegen einen Menschen zu fällen, sondern eine Maßnahme der öffentlichen Wohlfahrt zu treffen, einen Akt nationaler Vorsehung zu vollziehen. [...] Ludwig muss sterben, weil das Vaterland leben muss.

Die Bergpartei setzte sich schließlich durch. Mit großer Mehrheit erklärte der Konvent Ludwig XVI. für schuldig; für die sofort zu vollstreckende Todesstrafe sprach sich dagegen nur eine knappe Mehrheit aus, die übrigen waren strikt dagegen oder plädierten für einen Aufschub. Daraufhin wurde der ehemalige König am 21. 1. 1793 öffentlich durch die Guillotine enthauptet.

Am 21. 1. 1793 wurde der König vor versammelter Menschenmenge in Paris auf der Place de la Révolution hingerichtet. Bis 1795 starben auf diesem Platz, der heutigen Place de la Concorde, unter der Guillotine mehr als 1100 Personen.

Ausbreitung der Revolution und Krieg

Nach dem Sieg bei Valmy drangen die französischen Truppen weiter vor. Im Herbst 1792 eroberten sie Nizza und Savoyen im Süden, linksrheinische Gebiete um Trier, Speyer, Worms und Mainz im Westen und die Österreichischen Niederlande im Norden (Teile des heutigen Belgien und Luxemburg). Der Konvent verstand diese Eroberungen zwar einerseits als **Befreiung der Nachbarvölker** vom Fürstenjoch. Überall sollten die alten Herren entmachtet, Standesprivilegien abgeschafft und Volksregierungen gebildet werden. Ein Gürtel von gleichgesinnten Nachbarrepubliken sollte das revolutionäre Frankreich vor seinen Feinden schützen. Aber andererseits war der Schritt von der Befreiung zur **Expansion Frankreichs durch Annexion** nicht weit. So erhob z.B. Danton Ansprüche auf die „natürlichen" Grenzen Frankreichs zwischen Atlantik, Rhein und Alpen. Außerdem empfanden die meisten Bewohner der eroberten Gebiete die Franzosen meist weniger als Befreier als vielmehr als Besatzer und Unterdrücker, besonders weil sie oft Kriegssteuern für die französische Kriegführung bezahlen mussten.

Angesichts dieser Entwicklung, die das europäische Mächtegleichgewicht und die alten Ordnungen bedrohte, bildete sich in den ersten drei Monaten des Jahres

1793 eine breit aufgestellte **antifranzösische Koalition,** der neben Österreich und Preußen nun auch Großbritannien als treibende Kraft sowie die Niederlande, Spanien, Portugal, Sardinien und Neapel angehörten. Bereits am 1. 2. 1793 hatte der Konvent Großbritannien und den Niederlanden den Krieg erklärt. Schon bald gewannen die Alliierten wieder die Oberhand: Sie eroberten die linksrheinischen Gebiete und die Österreichischen Niederlande zurück und drohten, nach Frankreich einzumarschieren. Die französischen Truppen hatten ihre Kampfkraft verloren, da viele Freiwillige nach Hause zurückgekehrt waren und die Zusammenarbeit von regulären und freiwilligen Truppenverbänden immer problematischer wurde. Außerdem war ein führender General zu den Gegnern desertiert. Die Gefahr für das revolutionäre Frankreich wuchs und der Ruf nach radikalen Maßnahmen wurde immer lauter.

Soziale Krise und gegenrevolutionäre Aufstände im Innern

Neben der Bedrohung von außen machte dem Konvent eine schwere Versorgungskrise mit sozialen Unruhen und eine heftige antirevolutionäre Erhebung im Innern (Aufstand in der Vendée) zu schaffen.

Für die **Versorgungskrise** war nicht zuletzt die Ausgabe von immer mehr Assignaten, mit denen die Kriege finanziert und Lebensmittel für die Stadtbevölkerung subventioniert wurden, verantwortlich. Sie hatte eine starke Inflation zur Folge und ließ ab Herbst 1792 die Preise für Brotgetreide steigen, da die Händler ihre Vorräte nicht gegen wertlos gewordenes Papiergeld verkaufen wollten. Verbreitet herrschte Mangel und vielerorts in Stadt und Land gab es Hungerunruhen.

Im Frühjahr 1793 brach zudem in der westfranzösischen **Provinz Vendée** ein vom Gros der Bevölkerung getragener Aufstand aus. Die Motive waren:

- Widerstand gegen eine vom Konvent angeordnete zwangsweise Aushebung weiterer Truppen,
- verbreitete Hungersnöte wegen der hohen, auf dem Land nicht subventionierten Getreidepreise,
- enge Solidarität mit der katholischen Kirche und den eidverweigernden Priestern,
- Unmut über Bevormundung, Ungleichbehandlung und Vernachlässigung durch Bürgertum und Pariser Bürokraten (traditioneller Stadt-Land-Konflikt) und
- oft noch vorhandene Loyalität mit König und Adel.

Die Bekämpfung des Aufstands durch die Zentralregierung entwickelte sich zu einem grausamen **Bürgerkrieg,** der sich in weite Teile des Westens und Südens Frankreichs ausdehnte. Aufseiten der Aufständischen beteiligten sich auch nicht emigrierte Adlige und lieferten so der Regierung den Vorwand, gegen eine angeblich von König, Adel und Kirche getragene Revolte vorzugehen. Erst nach etwa einem Jahr war der Aufstand weitgehend niedergeschlagen, allerdings flackerten in den Folgejahren immer wieder Unruhen auf. Nach Schätzungen von Historikern kostete der Bürgerkrieg 150 000 bis 200 000 Menschen das Leben, das sind drei- bis viermal so viel wie die Opfer der Schreckensherrschaft 1793/94 (vgl. Kap. 1.3.2).

Revolutionstribunal, Überwachungsausschüsse und Wohlfahrtsausschuss

Im Lauf des Jahres 1793 wurde die Verfassungsordnung schrittweise ausgehöhlt und eine rund einjährige Terrordiktatur der Jakobiner unter Führung Robespierres errichtet. Den formalen Rahmen dazu lieferten Konventsbeschlüsse vom Frühjahr 1793. Danach wurde ein **Revolutionstribunal** ohne Berufungsmöglichkeit zur Aburteilung von Verdächtigen eingesetzt. Danton begründete diese Maßnahme am 9.3.1793:

> Lasst uns aus den Fehlern unserer Vorgänger lernen; wir müssen das tun, was die Gesetzgebende Versammlung nicht getan hat: Wir müssen schrecklich sein, um dem Volk zu ersparen, es zu sein.

Zudem wurden landesweit **Überwachungsausschüsse** zur Kontrolle der politischen Zuverlässigkeit der Bürger gebildet und der **Wohlfahrtsausschuss** als oberstes Exekutivorgan des Staates und Wächter über Staatsgefährdungen von innen und außen eingerichtet. Dieses nicht öffentlich tagende Gremium bestand zunächst aus neun, dann aus zwölf monatlich neu gewählten Mitgliedern des Konvents. Vorsitzender war bis Juli 1793 Danton, danach Robespierre. Der mit diktatorischen Vollmachten ausgestattete Wohlfahrtsausschuss entsandte Kommissare mit unbeschränkten Befugnissen zu „Säuberungen" in die Armeen und die Departementverwaltungen. Ab September 1793 entwickelte er sich zum **wichtigsten Instrument der jakobinischen Schreckensherrschaft.** Zur Bewältigung der Versorgungskrise und Beschwichtigung der unruhigen Bevölkerung setzte der Wohlfahrtsausschuss, der nun die Zentralregierung bildete, am 4.5.1793 **Höchstpreise für Getreide** („Kleines Maximum") und **Zwangskurse für Assignaten** fest.

Chronologie	Radikale Revolution
21.9.1792	**Abschaffung der Monarchie** und Umwandlung Frankreichs in eine Republik; Einführung einer neuen Zeitrechnung
21.1.1793	**Hinrichtung** Ludwigs XVI. durch die Guillotine
1.2.1793	Kriegserklärung an Großbritannien und die Niederlande
10.3.1793	Einrichtung eines **Revolutionstribunals** als Sondergericht
6.4.1793	**Wohlfahrtsausschuss** des Konvents als oberstes Exekutivorgan
2.6.1793	Entmachtung der Girondisten durch die Bergpartei
24.6.1793	Verabschiedung einer neuen **Verfassung** durch den Konvent
17.9.1793	Gesetz gegen die Verdächtigen: **Beginn des Terrors**
29.9.1793	Maximumgesetz für Lebensmittel
Mai 1794	Abschaffung des Christentums, Einführung des Kultes der Vernunft
10.6.1794	**Beginn des Großen Terrors** (La Grande Terreur)
27.7.1794	**Sturz Robespierres** (9. Thermidor), Hinrichtung tags darauf

1.3.2 Wohlfahrtsdiktatur und Terror

Im Frühsommer 1793 gelang es den radikalen Mitgliedern der Bergpartei um Robespierre, gestützt auf die Sansculotten, die **rivalisierenden Girondisten** auszuschalten. Hintergrund des Konflikts war eine grundsätzliche Differenz innerhalb der Bergpartei über das weitere politische Vorgehen.

- **Robespierre und seine Anhänger** wollten ihre schwache Position im Konvent durch eine ständige Mobilisierung der „Straße" stärken und ihre politischen Ziele mithilfe von **Massenaktionen** der Sansculotten durchsetzen.

- **Danton als Vertreter der Gemäßigten** in der Bergpartei favorisierte dagegen eine **Zusammenarbeit mit** Männern **der Gironde** zum Gewinn einer handlungsfähigen politischen Mehrheit unter Ausschluss der Radikalen um Robespierre.

Es kam zum Konflikt. In Teilen der Provinz konnten Girondisten Vertreter der Bergpartei entmachten und drohten nun, gegen die Machtstellung der Jakobiner in der Hauptstadt vorzugehen. Dagegen mobilisierte Robespierre die Sansculotten in den Pariser Stadtbezirken zu einer Revolte. Eine Menge aus etwa 80 000 Aufständischen und Nationalgardisten belagerte den Konvent und erzwang die Auslieferung und Verhaftung der führenden Politiker der Gironde. Die meisten wurden später hingerichtet. Damit war das **Ende der Gironde** besiegelt. Robespierre und die Bergpartei hielten die Zügel fest in der Hand. Danton lenkte zunächst ein, allerdings ohne seine kompromissbereitere Haltung ganz aufzugeben.

Biografie **Georges Danton**

Der Advokat Danton gehörte ab 1790 dem **Klub der Cordeliers** an, einer radikalen Gruppe der Jakobiner. Durch sein rednerisches Talent war er die treibende Kraft bei der Erstürmung der Tuilerien und dem Sturz des Königs. Im Sommer 1792 wurde er Justizminister und spielte eine führende Rolle bei der Mobilisierung der Bevölkerung gegen die Angriffe der alten europäischen Mächte und der Organisation des revolutionären Terrors. Auf seine Initiative ging 1793 die Einrichtung der Revolutionstribunale und des Wohlfahrtsausschusses zurück, dessen Vorsitzender er anfangs war, bis er wegen seiner kompromissbereiten Haltung in Gegensatz zu Robespierre geriet. Er trennte sich von den Cordeliers und bildete u. a. mit Camille Desmoulins die sog. **Indulgenten** (Nachsichtigen). Als er sich für ein Ende des Terrors einsetzte, wurde er verhaftet und am 5. 4. 1794 guillotiniert.

Verfassung von 1793

Drei Wochen nach der Ausschaltung der Gironde verabschiedete der Konvent eine neue Verfassung, die in einer Volksabstimmung angenommen wurde, aber nie in Kraft trat, da sie bis zum Friedensschluss ausgesetzt wurde. Bis dahin sollte eine im Wesentlichen aus dem Wohlfahrtsausschuss bestehende Revolutionsregierung die Geschäfte führen. Im Zentrum der Verfassung stand die jährlich von allen Männern, die älter als 21 Jahre waren, direkt gewählte Nationalversammlung, die Gesetze beschloss sowie Regierung und oberstes Gericht kontrollierte. Dem Prinzip der **Volkssouveränität** Rechnung tragend besaß das Volk das Recht zur Abstimmung über vorgelegte Gesetze und ein Widerstandsrecht gegen eine ungerechte Regierung. Außerdem wurden die Menschenrechte um **soziale Grundrechte** wie das Recht auf Arbeit und Unterricht erweitert und die **Sklaven** in den Kolonien **freigelassen.**

Politische Maßnahmen von Wohlfahrtsausschuss und Konvent

Zur Gefahrenabwehr und zur Bewältigung der ökonomischen Krise verabschiedeten Wohlfahrtsausschuss und Konvent ein umfangreiches Maßnahmenbündel.

- **Levée en masse:** Im August 1793 wurden alle Männer zwischen 18 und 25 Jahren zum Dienst in der Revolutionsarmee verpflichtet, Frauen und Kinder sollten zu Hilfsdiensten herangezogen werden. Diese Verstärkungen machten ebenso wie innere Reformen die Armee zu einer schlagkräftigen Waffe. Die Revolutionstruppen, bei denen auch die Neulinge mit großer patriotischer Begeisterung kämpften, konnten in den beiden folgenden Jahren die feindlichen Eindringlinge zurückdrängen, die Österreichischen Niederlande wiedererobern und in den Generalstaaten eine Tochterrepublik errichten.
- **Wirtschaftslenkung:** Der umfassenden Kriegführung diente auch eine Reihe von staatlichen Lenkungsmaßnahmen der Wirtschaft. Dazu gehörten die Rohstofferfassung, eine Ablieferungspflicht für Getreide, Futter, Wolle, Hanf und handwerkliche Erzeugnisse, teilweise Nationalisierung der Produktion (z. B. staatliche Rüstungsfabriken, Kontrolle und Steuerung der privaten Manufakturen) und des Außenhandels sowie die Zwangsverpflichtung von Rüstungsarbeitern und technischen Wissenschaftlern.
- **Zweites Maximumgesetz:** In einem zweiten Maximumgesetz („Großes Maximum", 29. 9. 1793) wurden Höchstpreise für Güter des täglichen Bedarfs wie Brot, Öl, Textilien, Kerzen, Feuerholz usw. festgelegt. Wucherer wurden bereits ab Juli 1793 mit der Todesstrafe bedroht. Gleichzeitig beschloss der Konvent die Einführung von Lohnobergrenzen (veröffentlicht am 23. 7. 1794) und distanzierte sich damit von weiter gehenden Forderungen der Sansculotten.
- **Säuberungen:** Überwachungsausschüsse „säuberten" die Verwaltungsbehörden und Konventsausschüsse von politisch angeblich unzuverlässigen oder bestechlichen Mitgliedern.
- **Erziehungsprogramm:** Im Dezember 1793 wurde ein kostenloses, obligatorisches und vom Staat kontrolliertes Schulsystem eingeführt, das auch staatsbürgerliche und technische Bildung vermitteln sollte.
- **Entchristianisierung:** Im Kampf gegen die als fortschritts- und revolutionsfeindlich angesehene Kirche bzw. das Christentum vollzog man Ende 1793 die **Trennung von Staat und Kirche,** schaffte das staatliche Priestergehalt, das christliche Kalendersystem und den Sonntag ab, schuf eine 10-Tage-Woche, benannte die Monate nach den Jahreszeiten und ersetzte im Mai 1794 den Gottesdienst durch einen **Kult des Höchsten Wesens.**

Vom Terror zum Großen Terror

Im Herbst 1793 verschärften Wohlfahrtsausschuss und Konvent den Terror, um die äußeren und inneren, vor allem in den Provinzen nach wie vor aktiven Feinde der Revolution wirksamer zu bekämpfen, die Einhaltung der Höchstpreise durchzusetzen und die Versorgungslage zu verbessern. Man verstärkte die Revolutionstribunale und kürzte die Gerichtsverfahren ab; bereits bloß Verdächtige mussten mit einer Verurteilung rechnen. Die Verfassung wurde nun offiziell suspendiert und der **Wohlfahrtsausschuss als provisorische Revolutionsregierung** unter der Führung Robespierres eingesetzt. Unter dem Druck der Sansculotten ging diese nun gegen die gemäßigte Opposition im Konvent vor. Aber auch radikale Gruppen wie die sog. Enragés (die Wütenden) gerieten ins Visier der Regierung. Deren von vielen Sansculotten unterstützte Forderung nach Enteignung des Grundbesitzes, sozialer Gleichheit und weiterer Verschärfung des Terrors ging selbst der eher bürgerlich geprägten Gruppe um Robespierre zu weit. Doch in der Regel scheute der Wohlfahrtsausschuss die von ihm für notwendig gehaltene Härte nicht. So wurden die Aufstände in den Provinzen zum Teil mit äußerster Brutalität unterdrückt. In einer Rede am 5.2.1794 rechtfertigte Robespierre den revolutionären Terror:

Wenn die Triebkraft der Volksregierung im Frieden die Tugend ist, so ist in revolutionärer Zeit diese Triebkraft zugleich die Tugend und der Schrecken; die Tugend, ohne die der Schrecken unheilvoll wäre, der Schrecken, ohne den die Tugend ohnmächtig bliebe. Der Schrecken ist nichts anderes als die rasche, strenge, unbeugsame Gerechtigkeit; er ist also ein Ausfluss der Tugend; er ist weniger ein besonderes Prinzip als eine Folge des allgemeinen Prinzips der Demokratie in seiner Anwendung auf die dringendsten Bedürfnisse des Vaterlandes. [...] Die Regierung der Revolution ist der Despotismus der Freiheit im Kampf gegen die Tyrannei.

Ab Frühjahr 1794 zog Robespierre die Schraube des Terrors noch weiter an. Gegen die von ihm im Namen der Tugend und des Gemeinwohls errichtete Diktatur äußerten nämlich verschiedene Gruppen des eigenen Lagers zunehmend Kritik, weil sie die Versorgungsprobleme nicht lösen konnte und – je nach Sichtweise – entweder zu hart oder zu nachsichtig die revolutionären Ziele verfolgte. Um die Kritiker auszuschalten, griff Robespierre zu drakonischen Maßnahmen; der Terror wurde zum **Großen Terror** gesteigert:

- Sowohl die Anhänger der Radikalen, z. B. der Enragés, als auch die Kompromissbereiten wie Danton und seine Indulgenten endeten im Frühjahr 1794 auf der Guillotine.
- Vor den Revolutionstribunalen wurden Verteidigung und Verhör abgeschafft, mehrere unterschiedliche Fälle wurden summarisch abgehandelt und beim Urteil gab es nur die Alternative Freispruch oder Todesstrafe.
- Die Vermögen der Verdächtigen wurden eingezogen und zur Unterstützung Bedürftiger genutzt.
- Im Sommer 1794 kam es in ganz Frankreich zu **Massenhinrichtungen,** denen in zwei Monaten fast 17 000 Menschen zum Opfer fielen.

Sturz Robespierres und Ende des Terrors

Auf dem Höhepunkt des Terrors formierte sich eine aus Mitgliedern des Wohlfahrtsausschusses, des Konvents und des Militärs bestehende Widerstandsgruppe gegen Robespierres Diktatur, und zwar aus mehreren Gründen:

- Angesichts wachsender Erfolge an den verschiedenen Kriegsfronten ließ sich der Terror kaum noch legitimieren.
- Die faktisch jeden bedrohende Hinrichtungsorgie wurde selbst den bisherigen Anhängern des Terrors zu viel.
- Robespierre hatte sich isoliert und zeigte sich immer mehr als unnahbarer und unberechenbarer Diktator.

Am 27.7.1794 (9. Thermidor) ließen die Widerständler Robespierre bei einer Rede im Konvent verhaften; am folgenden Tag wurden er und viele seiner Anhänger ohne Prozess hingerichtet. Schätzungsweise knapp 50 000 Menschen mussten den Terror von 1793/94 mit dem Leben bezahlen. Der Versuch, eine demokratische Republik mit egalitären Grundsätzen zu errichten, war gescheitert.

1

1.4
Direktorium und Herrschaft Napoleons 1794 bis 1815

Mit dem Tod Robespierres zerfiel die Jakobinerherrschaft und machte einem bürgerlichen **Direktorium** Platz, das bis 1799 die Geschicke des Landes lenkte, den Terror beendete und viele Maßnahmen des Wohlfahrtsausschusses zurücknahm. Den Krieg gegen die anderen europäischen Mächte führte es zunächst weiter. Angesichts wachsender innenpolitischer Probleme in der zweiten Hälfte der 1790er-Jahre nutzte ein junger General namens Napoleon Bonaparte (1769–1821) seine militärischen Erfolge zu einem **Staatsstreich** und übernahm die **alleinige Herrschaft** in Frankreich. Er wahrte wesentliche Errungenschaften der Revolution und trug diese durch seine militärische Expansionspolitik weit über die Grenzen Frankreichs hinaus. Auf dem Höhepunkt seiner Macht herrschte er über große Teile Europas, bis ihn die verbündeten Streitkräfte der europäischen Staaten 1813/15 entmachteten und Frankreich auf die Grenzen von 1792 zurückwarfen.

Chronologie	Direktorium und Herrschaft Napoleons
April/Mai 1795	Niederschlagung von Volksaufständen wegen Hungerkrisen
22.8.1795	Verabschiedung der neuen Direktorialverfassung
1798	Napoleons Ägyptenfeldzug
9.11.1799	Machtübernahme Napoleons, 1802 Konsul auf Lebenszeit
1803	Reichsdeputationshauptschluss: Neuordnung Deutschlands
1804	Kaiserkrönung Napoleons, Herausgabe des Code civil
1806	Bildung des Rheinbunds unter französischem Protektorat, Ende des Alten Reichs, Errichtung der Kontinentalsperre
1812	Russlandfeldzug Napoleons
1814/15	Abdankung Napoleons

1.4.1
Herrschaft des Bürgertums 1794 bis 1799

Nach dem Ende Robespierres übernahm die gemäßigte Konventsmehrheit das Ruder. Die Revolutionstribunale wurden abgeschafft, die Verdächtigen freigelassen, der Jakobinerklub geschlossen und die für die Terrorexzesse Verantwortlichen vor Gericht gestellt. Dabei kam es vor allem im Süden Frankreichs zu blutigen Racheakten gegen Jakobiner und Sansculotten. Die staatliche Zwangswirtschaft und das Preismaximum wurden aufgehoben und man kehrte zur **freien Wirtschaft** zurück. Die Folge dieser Lockerungsmaßnahmen waren Lebensmittelspekulationen, Preissteigerungen, Geldverfall und Hungersnöte, unter denen in erster Linie die „kleinen Leute" litten. Deren Unmut machte sich im Frühjahr 1795 in zwei **Aufständen** Luft: Man forderte eine bessere Versorgung und eine Wiederherstellung der Verfassung von 1793. Der Konvent ließ diese Erhebungen mit militärischer Gewalt niederschlagen und erstickte so die Aktionsbereitschaft der unterbürgerlichen Schichten nachhaltig. Von nun an gewann das Militär verstärkt an innenpolitischer Bedeutung. Zugleich bewährte es sich auch bei der Unterdrückung einer **royalistischen Erhe-**

bung im Herbst 1795. Dabei zeigte sich der inzwischen zum General ernannte Napoleon erneut als energischer Führungsoffizier.

Herrschaft des Bürgertums durch Direktorialverfassung

Der Absicherung der Macht des besitzenden Bürgertums gegenüber der Masse der einfachen Bevölkerung diente eine neue Verfassung, die vom Konvent 1795 verabschiedet und in einer Volksabstimmung angenommen wurde. Ein Kernelement war die Wiedereinführung eines den Großteil der Männer ausschließenden **Zensuswahlrechts.** Außerdem ergänzte man die Bürgerrechte durch **Bürgerpflichten** (u. a. Gesetzestreue und Schutz des Eigentums). Die **Gewaltenteilung** wurde wiedereingeführt. Die **Legislative** bestand aus zwei Kammern, dem **Rat der 500** (Mindestalter 30 Jahre), der Gesetze vorschlagen und beraten konnte, und dem **Rat der Alten** (250 Mitglieder, Mindestalter 40 Jahre), der die Gesetze beschloss. An der Spitze der **Exekutive** stand ein vom Rat der Alten zu bestimmendes fünfköpfiges **Direktorium,** von dem jeweils ein Mitglied jährlich ausgetauscht werden musste.

Beendigung des ersten Koalitionskrieges

Die neuen Machthaber profitierten von der Kriegsmobilisierung der Jakobiner 1793/94. Französische Truppen eroberten die Österreichischen Niederlande und die Generalstaaten und drangen ins linksrheinische Gebiet, nach Süddeutschland, Oberitalien und Spanien vor. Angesichts dieser Erfolge schlossen Preußen (unter Verzicht auf das linke Rheinland) und Spanien 1795 in **Basel** einen **Sonderfrieden** mit Frankreich, sodass Österreich nun allein die Lasten des Krieges zu tragen hatte. Die Entscheidung fiel 1797 in Norditalien, wo die französische Armee unter ihrem Oberbefehlshaber Napoleon die österreichischen Truppen schlagen konnte. Im **Frieden von Campo Formio** verzichtete Österreich auf das linke Rheinufer und die Österreichischen Niederlande und musste in die Errichtung von unter französischem Einfluss stehenden Tochterrepubliken um Mailand und Genua einwilligen. Im Gegenzug erhielt es dafür Venedig.

Innere Probleme

Das bürgerliche Direktorialregime war fast ständig von königstreuen Kräften einerseits und Sympathisanten der Jakobiner andererseits bedroht.

- Im Frühjahr 1796 plante der revolutionäre Journalist François Noël Babeuf (1760–97) eine **Verschwörung der Gleichen,** mit der er das Privateigentum abschaffen und eine egalitäre Gesellschaft auf der Basis einer Art Agrarkommunismus errichten wollte. Das Komplott wurde aufgedeckt und er selbst mit vielen seiner Anhänger hingerichtet.
- Im April 1797 stand ein **royalistischer Umsturz** bevor, der durch Verhaftungen, Zwangsmaßnahmen und Annullierung von Wahlergebnissen verhindert wurde.
- Durch einen weiteren Staatsstreich und Wahlmanipulationen verhinderte das Direktorium ein Jahr später auch einen möglichen **Wahlsieg der Jakobiner.**

Durch diese Verfassungsbrüche, verbreitete Korruption und Misswirtschaft sowie die Unfähigkeit, die finanzielle Lage (Inflation) in den Griff zu bekommen, verlor das Regime zusehends das Vertrauen der Bevölkerung.

1.4.2 Frankreich unter Napoleon

Der Aufstieg Napoleons

Das Direktorium beauftragte den erfolgreichen Revolutionsgeneral Napoleon 1798 auch mit dem Feldzug gegen das noch nicht besiegte England. Mit einem **Angriff auf Ägypten** wollte er dessen Seeherrschaft treffen, dessen Handel im Mittelmeerraum erschweren und neues Kolonialgebiet für Frankreich erwerben. Doch das Unternehmen scheiterte in der Seeschlacht von Abukir; Napoleon kehrte auf eigene Faust nach Paris zurück. Dort hatten sich inzwischen Gegner des in ihren Augen zu schwachen Direktoriums zusammengefunden, die mithilfe des populären Generals durch einen **Staatsstreich** der Exekutive auf Kosten der Legislative zu mehr Macht verhelfen wollten. Das Unternehmen gelang: Napoleon erhielt unter dem Vorwand einer angeblichen jakobinischen Verschwörung das Kommando über die Pariser Truppen und zwang die beiden Kammern am 18. Brumaire (9.11.1799) mit Waffengewalt zur Selbstauflösung und **Aufhebung der Verfassung.**

Konsulatsverfassung

An die Stelle des Direktoriums traten drei Konsuln mit Napoleon als für zehn Jahre gewähltem ersten Konsul an der Spitze. Dieser erhielt weitreichende Vollmachten, vor allem das Recht zur Gesetzesinitiative und zur Ernennung der Minister. Die Mitwirkungsrechte der Parlamentskammern wurden stark eingeschränkt. Faktisch begründete die Verfassung, die durch eine Volksabstimmung legitimiert wurde, die **verdeckte Diktatur** Napoleons. In einer Proklamation an das französische Volk vom 15.12.1799 erklärten die Konsuln die Revolution für beendet:

Die Verfassung beruht auf den wahren Prinzipien der repräsentativen Regierung und auf den geheiligten Rechten des Eigentums, der Gleichheit und der Freiheit. Die von ihr eingesetzten Gewalten werden stark und dauerhaft sein, wie es für die Garantie der Bürgerrechte und der Staatsinteressen unabdingbar ist. Bürger, die Revolution ist auf die sie auslösenden Prinzipien zurückgeführt und damit beendet.

Frankreich unter Napoleon

Die auffälligsten Merkmale der napoleonischen Herrschaft in Frankreich waren die Zentralisierung der Macht, die innenpolitische Beruhigung und die Schaffung von Rechtssicherheit durch ein neues Gesetzbuch, den Code civil, in dem wichtige Errungenschaften der Revolution festgehalten wurden.

Der faktischen Ausrichtung des Landes auf Napoleon entsprach eine **Zentralisierung und Effektivierung der Macht** in allen für den Staat wichtigen Bereichen:

- In der **Verwaltung** schaffte Napoleon die Wahl der Beamten ab und schuf stattdessen eine auf ihn ausgerichtete Hierarchie: Er selbst ernannte die Minister, darunter standen die jeweils von oben eingesetzten Präfekten der Departements sowie die Unterpräfekten und Bürgermeister der kleinen Gemeinden. Die Ernennung von Stadtoberhäuptern in größeren Städten behielt sich Napoleon selbst vor. Paris wurde der Regierung direkt unterstellt. Außerdem baute er einen hierarchisch gegliederten und gut ausgebildeten Beamtenapparat auf; die Beamten hatten einen Anspruch auf Pension.

- Der wirksamen Kontrolle im Innern dienten ein Napoleon direkt unterstellter **Polizeiapparat** sowie die **Zensur** von Presse, Kunst und Wissenschaft.
- Die **militärische Ausbildung,** und damit auch die Schlagkraft der Armee, wurde durch Einrichtung von Offiziersschulen gestrafft und verbessert.
- Das **Finanzwesen** wurde durch die Übernahme der direkten Steuern durch den Staat ebenfalls zentralisiert, sodass seit Langem erstmals wieder ein auf gesicherten Einnahmen basierender Staatshaushalt aufgestellt werden konnte.

Biografie **Napoleon Bonaparte**

Der von Korsika stammende Napoleon Bonaparte schlug schon früh eine militärische Laufbahn ein und stieg bereits 1794 zum General auf. Bei seinem Feldzug in Norditalien bewies er nicht nur militärisches Geschick, sondern mit der **Neuordnung Italiens** auch eine eigenständige politische Begabung. Sein gegen England gerichteter Ägyptenfeldzug von 1798 scheiterte zwar und führte zum Beginn des zweiten Koalitionskrieges, doch Napoleons Popularität war inzwischen so gewachsen, dass er nach seiner Rückkehr nach Paris in einem **Staatsstreich** das Direktorium entmachten und eine Konsulatsverfassung mit ihm selbst als erstem Konsul etablieren konnte. Unter seiner Herrschaft stabilisierte sich die innere Lage in Frankreich; wichtige Errungenschaften der Revolution wurden kodifiziert. Der Sieg im zweiten Koalitionskrieg ermöglichte ihm, sich 1802 zum **Konsul auf Lebenszeit** und 1804 zum **Kaiser** aufzuschwingen. Im Zuge der weiteren Koalitionskriege verfolgte er eine militärisch-expansive Außenpolitik mit dem Ziel einer Neuordnung Europas unter französischem Vorzeichen. Wachsender Widerstand bei den unterworfenen Völkern und vor allem das **Desaster des Russlandfeldzuges** von 1812 führten zur Wende. In den sog. **Befreiungskriegen** 1813–15 endete Napoleons Herrschaft über Europa. Er starb 1821 im Exil auf St. Helena.

Die **innere Befriedung des Landes** gelang Napoleon durch folgende Maßnahmen:

- Mithilfe zusätzlicher Einnahmen (Kontributionen aus den besetzten Ländern) und der Bindung des Franc an einen festen Edelmetallgehalt gelangen eine **Sanierung des Staatshaushalts** und eine **Stabilisierung der Währung.**
- Emigranten konnten gefahrlos nach Frankreich zurückkehren, jakobinische Revolutionäre erhielten eine Amnestie, die Auseinandersetzungen mit Bauern in den Provinzen wurden beendet.
- Napoleon schloss 1801 Frieden mit der katholischen Kirche. In einem **Konkordat mit dem Vatikan** erkannte er den Katholizismus als Religion der meisten Franzosen und deren Recht auf freie Religionsausübung an; der Papst wiederum akzeptierte den Verkauf der Kirchengüter und den Einfluss des Staates bei der Ernennung von Bischöfen. Zum Ausgleich mit den Katholiken gehörte auch die Wiedereinführung des christlichen Kalenders Anfang 1806.

Die lange vermisste **Rechtssicherheit** gewährleistete Napoleon durch die Herausgabe eines neuen bürgerlichen Gesetzbuches, des **Code civil,** der alte Rechtsgrundsätze mit den Errungenschaften der Revolution verschmolz. Zwar fehlte in der Konsulatsverfassung die Garantie der Menschen- und Bürgerrechte, doch bestätigte der Code civil ausdrücklich die **Gleichheit vor dem Gesetz,** die **Freiheit der Person,** des Gewissens und der Arbeit sowie den Erhalt des Privateigentums. Er besiegelte zudem die **Trennung von Staat und Kirche** und führte Zivilehe und Ehescheidung ein. Dieses auch Code Napoléon genannte Gesetzbuch bildete die Grundlage der bürgerlichen Gesellschaft des 19. Jahrhunderts und ist in wichtigen Teilen noch heute in Frankreich gültig. Eine neue Zivil- und Strafprozessordnung sowie ein neues Strafgesetzbuch ergänzten das Gesetzeswerk.

Reformen im Wirtschafts- und Handelsrecht belebten die Wirtschaftstätigkeit des Bürgertums und führten zu einem Aufschwung mit Vollbeschäftigung, sodass der Großteil der Bevölkerung mit Napoleons Herrschaft weitgehend zufrieden war.

Napoleons Kaisertum

Diese innenpolitischen Erfolge und weitere militärische Triumphe in den Koalitionskriegen ließen Napoleons Popularität ungemein wachsen. Das beflügelte ihn in seinem Streben nach der Monarchie. In zwei Schritten ließ er sich durch Plebiszite zunächst 1802 zum **Konsul auf Lebenszeit** wählen und schließlich 1804 zum **Kaiser der Franzosen** proklamieren. Bei der Krönungszeremonie in der Kathedrale Notre Dame setzte Napoleon sich die Krone selbst aufs Haupt. Danach herrschte er – gestützt auf den zentralisierten Machtapparat und das Militär – faktisch unumschränkt.

1.4.3 Koalitionskriege, Napoleon und Europa

Nach der Machtübernahme Napoleons führten die europäischen Mächte mit wechselnden Koalitionen den Krieg gegen Frankreich fort. Nun ging es weniger um die Beseitigung des französischen Revolutionsregimes als vielmehr um das Unterbinden expansionistischer Großmachtpläne Napoleons. Folgenreich war besonders der **zweite Koalitionskrieg,** aus dem sich Preußen und Russland weitgehend heraushielten, sodass Österreich und Großbritannien die Hauptlast des Krieges trugen. In den **Friedensschlüssen von Lunéville und Amiens** musste Österreich die Bedingungen von Campo Formio bestätigen und Großbritannien musste überseeische Kolonialgebiete zurückgeben (bei gleichzeitigem Verzicht Frankreichs auf Ägypten). Dadurch konnte Napoleon seine Pläne zur **Neuordnung Italiens und Deutschlands** verwirklichen.

Territoriale Neuordnung Italiens und Deutschlands

In **Norditalien** stellte Napoleon die von Frankreich abhängigen Tochterrepubliken wieder her, u. a. die sog. Italienische Republik um Mailand. Piemont kam unter Militärverwaltung, der Kirchenstaat und das Königreich Neapel blieben erhalten.

In **Deutschland** zielte Napoleon darauf, das Reich aufzulösen und von Frankreich abhängige deutsche Mittelstaaten als Gegengewichte zu Österreich zu schaffen. Die wichtigste Grundlage hierfür bildete der **Reichsdeputationshauptschluss.** Im Frieden von Lunéville war vereinbart worden, dass das linke Rheinufer an Frankreich abzutreten und die deutschen Fürsten für die dortigen Gebietsverluste zu entschädigen seien.

- Die dazu notwendigen Regelungen verabschiedete der Deutsche Reichstag auf seiner letzten Sitzung im Jahr 1803: Er beschloss zum einen die **Säkularisierung,** d. h. die Auflösung aller geistlichen Herrschaften, und zum anderen die **Mediatisierung,** mithin den Verlust der Reichsunmittelbarkeit von Reichsritterschaften und kleinen Reichsstädten.
- Mit der Verteilung dieser frei gewordenen Gebiete an neue Herren erhielt die bisher zersplitterte politische Landkarte Mitteleuropas ein völlig neues Gesicht. 121 Reichsstände verschwanden und über drei Millionen Menschen wechselten ihre Staatsangehörigkeit. Vor allem Preußen, Württemberg, Baden und Bayern konnten dabei ihr Territorium erheblich vergrößern.

Rheinbund und Ende des Alten Reichs

Die Schaffung von neuen, von Frankreich abhängigen Mittelstaaten auf deutschem Boden gelang Napoleon 1806 mit der Gründung des **Rheinbunds.** 16 südwestdeutsche Fürsten schlossen sich unter französischem Protektorat zusammen und gliederten sich gleichzeitig in die französische Außen- und Militärpolitik ein. Sie wurden dafür mit Standeserhöhungen und Gebietserweiterungen belohnt. Durch die Einführung des Code civil passten die Rheinbundstaaten auch ihre inneren Verhältnisse denjenigen Frankreichs an. Kurz darauf erklärten sie sogar ihren **Austritt aus dem Reich.** Da war es nur konsequent, dass Kaiser Franz II. (Kaiser 1792–1806) im selben Jahr auf Verlangen Napoleons die Römische Kaiserkrone niederlegte. Damit hatte das Heilige Römische Reich Deutscher Nation zu existieren aufgehört. Bald darauf traten weitere Staaten dem Rheinbund bei, u. a. Würzburg, Sachsen und Westfalen.

Dritter und vierter Koalitionskrieg und der Zusammenbruch Preußens

Im dritten Koalitionskrieg 1805 sicherte zwar die Seeschlacht von Trafalgar die britische Vorherrschaft zur See, er endete aber mit einer vernichtenden Niederlage der österreichisch-russischen Truppen bei Austerlitz. Im **Frieden von Pressburg** musste Österreich in umfangreiche Gebietsabtretungen einwilligen.

Um der wachsenden französischen Dominanz entgegenzutreten, forderte Preußen nun den Abzug aller französischen Truppen rechts des Rheins und die Auflösung des Rheinbunds. Napoleon antwortete mit dem vierten Koalitionskrieg, der den raschen **Zusammenbruch Preußens** brachte: Die preußischen Truppen erlitten in der Doppelschlacht von Jena und Auerstedt (1806) eine vernichtende Niederlage. Preußen geriet unter französische Besatzung, musste **im Frieden von Tilsit** alle westelbischen Gebiete und große Teile des in seinem Besitz befindlichen polnischen Territoriums abtreten und eine hohe Kriegsentschädigung zahlen.

Kontinentalsperre

Da Großbritannien zur See nicht beizukommen war, versuchte Napoleon, den Inselstaat durch eine Wirtschaftsblockade in die Knie zu zwingen. Er verhängte eine sog. **Kontinentalsperre,** um den Handel mit Waren von und nach den Britischen Inseln zu unterbinden. Britische Waren in den von Frankreich beherrschten Gebieten wurden beschlagnahmt und z. T. öffentlich verbrannt, britische Schiffe aufgebracht und britische Händler verfolgt. Die Folgen dieser bis 1814 dauernden Blockade waren:

- Das Fehlen britischer Konkurrenz begünstigte das Textilgewerbe im französischen Einflussbereich.
- Die übrige Wirtschaft, besonders die Landwirtschaft, litt unter Absatzschwierigkeiten und Rohstoffmangel.
- Durch den aufblühenden Schmuggel wurde der Sperrring vielerorts durchbrochen.
- Zur Aufrechterhaltung der Sperre war Napoleon immer wieder zu militärischem Eingreifen gezwungen.
- Großbritannien, das neue Absatzmärkte, besonders in Nordamerika, gewinnen konnte, wurde nicht entscheidend geschwächt und konnte den Krieg weiterführen.

Wachsender Widerstand, Russlandfeldzug und Ende Napoleons

Beim Versuch der Besetzung Spaniens, das nicht an der Blockade teilnahm, stießen die napoleonischen Truppen auf einen erbitterten **Guerillakrieg** der einheimischen Bevölkerung. Sie blieben erstmals erfolglos, was den Nimbus ihrer Unbesiegbarkeit erschütterte. Als Österreich 1809 dem spanischen Vorbild nacheifern wollte, musste es allerdings wieder eine Niederlage einstecken. Russland, dessen Wirtschaft unter den Folgen der Kontinentalsperre stark zu leiden hatte, widersetzte sich erneut den französischen Machtansprüchen und missachtete die Blockade.

Um das Zarenreich endgültig zu besiegen, entschloss sich Napoleon 1812 zu einem Feldzug, zu dem alle abhängigen europäischen Staaten Truppenkontingente stellen mussten. Dem bis dahin größten Heer Europas (über 600 000 Mann) gelang zwar die Eroberung Moskaus, doch der Rückmarsch wurde durch den anbrechenden Winter, durch Hunger, Krankheiten sowie Kosaken- und Partisanenangriffe zur **Katastrophe.** Nur ein kleiner Bruchteil des Riesenheers kehrte zurück.

Nun schlossen sich auch Preußen und Österreich wieder der Koalition an. Nach Napoleons Niederlage in der **Völkerschlacht bei Leipzig** (Oktober 1813) war seine Macht gebrochen. Ein halbes Jahr später marschierten die Alliierten in Paris ein, zwangen Napoleon zur Abdankung, verbannten ihn ins Exil nach Elba und stellten die Monarchie der Bourbonen wieder her. Zwar versuchte Napoleon 1815 noch einmal, an die Macht zu gelangen, doch nach der **Schlacht von Waterloo** (1815) war es mit seiner Herrschaft endgültig vorbei. Er starb 1821 im Exil auf St. Helena.

Folgen der französischen Herrschaft in Europa

Auch wenn die französische Herrschaft über große Teile Europas abgeschüttelt war, ließen sich dort die vorrevolutionären Zustände nicht mehr wiederherstellen:

- Die Bewohner der Rheinbundstaaten und der bis 1813 ins französische Reich einbezogenen Gebiete wollten die Vorteile des Code civil nicht mehr missen.
- Der Reformbedarf in den deutschen Staaten war offenbar geworden. Das veranlasste die meisten Regierungen, wichtige Errungenschaften der Revolution einzuführen, ohne die eigene Staats- und Sozialverfassung völlig umzustoßen.
- Durch die Entstehung einer breiten Öffentlichkeit (Presse) wurden große Teile des Bürgertums politisiert, erste Formen einer demokratischen Kultur entstanden.
- Die Kontinentalsperre begünstigte die Entstehung einer kapitalistischen Wirtschaftsordnung, wodurch die Position des Bürgertums gestärkt wurde.

2
Deutsche Nationalbewegung, Restauration und Revolution

In den Befreiungskriegen gegen Napoleon wurde die deutsche **Nationalbewegung** geboren. Die **Patrioten** wollten dabei nicht nur die Fesseln der Fremdherrschaft abstreifen, sondern hofften auch auf die Überwindung von territorialer Zersplitterung und absoluter Fürstenherrschaft sowie die Errichtung eines einheitlichen, freien und starken deutschen Reichs. Eine Verfassung sollte die Macht der Herrscher beschränken und die Freiheits- und Mitwirkungsrechte der Bürger garantieren. Den **Fürsten,** den alten Staaten und Dynastien hingegen ging es im Krieg um die Wiederherstellung ihrer überkommenen, von Napoleon gebrochenen Rechte, um Machtinteressen und politische Stabilität. So standen sich zwei widerstreitende Interessen und Prinzipien gegenüber: zuweilen übersteigertes **Nationalgefühl** und **liberales Gedankengut** auf der einen Seite und **Restauration** und **Legitimität** auf der anderen Seite. Die Spannung zwischen diesen beiden entgegengesetzten Kräften bestimmte das politische Geschehen in der ersten Hälfte des 19. Jahrhunderts. Der erste Versuch der Gründung eines deutschen Nationalstaats scheiterte 1848/49 vorerst. Die Revolutionäre waren nicht stark genug und konnten wegen unterschiedlicher Auffassungen über Weg und Ziel der Revolution keine gemeinsame Stoßkraft entwickeln. Daher trugen die alten Mächte noch einmal den Sieg davon.

2.1 Auswirkungen der Französischen Revolution

Die Französische Revolution veränderte die politische Landschaft im Heiligen Römischen Reich Deutscher Nation und das Bewusstsein eines Großteils seiner Einwohner grundlegend.

- Zum einen wurde es im Gefolge der napoleonischen Eroberungen **territorial** erheblich umgestaltet.
- Zum anderen breiteten sich die Ideen der Revolution aus und bewirkten einen starken **Modernisierungsschub.**

Diese Reformimpulse stießen zum Teil auf erbitterten Widerstand der alteingesessenen Herrscher, gaben aber auch Anstöße zur Erneuerung von veralteten Staats- und Gesellschaftsstrukturen, die von manchen vorwärtsblickenden Fürsten und ihren Beratern bewusst aufgegriffen und zur Modernisierung ihres Staatswesens umgesetzt wurden.

2.1.1 Das Echo auf die Französische Revolution in Deutschland

Auch in Deutschland hatten die Ideen der Aufklärung Fuß gefasst. Hauptträger war das gebildete Bürgertum, aber auch einzelne Fürsten machten sich das moderne Gedankengut zu eigen. So regierten Herrscher wie Friedrich II. von Preußen (1712–86) oder Joseph II. von Österreich (1741–90) in ihren Ländern mit religiöser Toleranz, hoben die Leibeigenschaft der Bauern auf oder beschränkten sie und reformierten u.a. das Rechtswesen nach aufklärerischen Prinzipien. Ihren absoluten Herrschaftsanspruch gaben sie allerdings nicht auf.

Aufgeklärtes Bildungsbürgertum und Revolutionsbegeisterung

In der zweiten Hälfte des 18. Jahrhunderts hatten sich in den deutschen Einzelstaaten zahlreiche **Lesegesellschaften, Klubs und Salons** gebildet, deren Mitglieder die Schriften der Aufklärer lasen und die politischen Verhältnisse in Deutschland diskutierten. Immer mehr **Zeitschriften** erschienen und Publizisten fanden dort eine öffentliche Plattform für ihre Überlegungen und Forderungen. So nimmt es nicht wunder, dass zahlreiche deutsche Intellektuelle, bürgerliche Schriftsteller, Professoren, Geistliche und Journalisten die Französische Revolution als epochales Ereignis begrüßten, als den Anbruch des neuen Zeitalters der Vernunft und der Aufklärung. Typisch für deren Haltung war das im Rheinland und in Hamburg anonym verbreitete „Freiheitsgebet eines Jakobiners", das mit den Worten begann:

Unser aller Nutz und Frommen, Göttin Freiheit! Sei willkommen! Steure jenen deutschen Fürsten, die nach Frankreichs Blute dürsten, weck das Volk der Sklaverei, mach die ganze Menschheit frei!

Manche reisten sogar nach Frankreich, um das Geschehen dort hautnah mitzuerleben. Nach ihrer Rückkehr veröffentlichten einige ihre Erlebnisse und lösten damit besonders bei der akademischen Jugend große Begeisterung für die Revolution aus. Außerordentlich einflussreich waren die enthusiastischen **Briefe aus Paris,** die der Schriftsteller und Pädagoge Joachim Heinrich Campe (1746–1818) 1790 herausbrachte. 1792 wurde er zusammen mit Friedrich Schiller (1759–1805) und Friedrich Klopstock (1724–1803) zum Ehrenbürger der Republik Frankreich ernannt.

Haltung zur Terrorherrschaft

Angesichts der zunehmenden Radikalisierung der Revolution ab 1792 wandten sich viele Sympathisanten enttäuscht ab. So schrieb Friedrich Schiller 1793:

Der Versuch des französischen Volkes, sich in seine heiligen Menschenrechte einzusetzen und eine politische Freiheit zu erringen, hat bloß das Unvermögen und die Unwürdigkeit desselben an den Tag gebracht und nicht nur dieses unglückliche Volk, sondern mit ihm auch einen beträchtlichen Teil Europens, und ein ganzes Jahrhundert, in Barbarei und Knechtschaft zurückgeschleudert.

Aber es gab auch andere Stimmen. Der Aufklärungsschriftsteller Adolf Freiherr Knigge (1752–96) rechtfertigte 1792 die Gewaltakte der Französischen Revolution:

Alle Gewalttätigkeiten aber, die vorgegangen sind, alle Ermordungen, alle Plünderungen, Mordbrennereien, Ausschweifungen und überhaupt alle gesetzlosen Handlungen sind, in Vergleichung mit den Unordnungen und Gräueln, womit von jeher ähnliche, ja! viel geringere Vorfälle bezeichnet gewesen, für nichts zu rechnen. Diese Revolution ist eine große, beispiellose und, sie falle aus, wie sie wolle, sie sei rechtmäßig oder widerrechtlich unternommen worden, der ganzen Menschheit wichtige Begebenheit.

Deutsche Jakobiner

Die deutschen Fürsten versuchten in der Regel, diese kritischen Geister durch Zensur und **Zwangsmaßnahmen** mundtot zu machen. Wegen der Drangsalierungen suchten viele ihre **Zuflucht in Frankreich.** Hier einige typische Beispiele:

- Der katholische Theologe und Bonner Professor Eulogius Schneider (1756–94) geriet wegen seines Eintretens für die Revolution in Konflikt mit seinen Vorgesetzten. 1791 ging er ins französische Straßburg, schloss sich dem dortigen Jakobinerklub an, übernahm den Vorsitz im Überwachungsausschuss und sorgte als Ankläger des Revolutionstribunals für zahlreiche Todesurteile. Er verfasste auch die erste deutsche Übersetzung der Marseillaise. Doch der Terror holte auch ihn ein: Im Frühjahr 1794 starb er in Paris auf der Guillotine.
- Der Publizist Georg Friedrich Rebmann (1768–1824) ging 1796 nach allerlei Schikanen und Verfolgungen nach Paris. Bis zum Sturz Napoleons amtierte er als Richter im französischen Rheinland in Mainz und Trier. Von dort aus bemühte er sich vergeblich um die Bildung einer revolutionären Tochterrepublik Frankreichs.
- Der Arzt Georg Kerner (1770–1812) arbeitete ab 1791 u. a. in einem Pariser Hospital. Später engagierte er sich bei verschiedenen diplomatischen Missionen in der Schweiz, in Italien und mehreren deutschen Staaten für das revolutionäre Frankreich, bevor er sich als Publizist und Arzt in Hamburg niederließ.

Mainzer Republik

Im Rheinland wurden die französischen Revolutionstruppen oft als Befreier begrüßt. In Mainz bildete sich im Frühjahr 1793 sogar unter der Federführung des dortigen Jakobinerklubs und der Schirmherrschaft der Franzosen für kurze Zeit eine unabhängige **freie Republik,** die große Gebiete Rheinhessens und der Pfalz umfasste. Ein frei gewählter **Rheinisch-Deutscher Nationalkonvent** erklärte alle fürstlichen Herrschaftsrechte für nichtig, rief einen unabhängigen Staat nach den Grundsätzen der Volkssouveränität aus und beschloss den **Austritt aus dem Reich.** Zum Vizepräsidenten der provisorischen Regierung wählte man den Schriftsteller und Naturforscher Georg Forster (1754–94), der James Cook 1772–75 auf seiner zweiten Weltumsegelung begleitet hatte. Die Regierung beantragte den Anschluss der jungen Republik an Frankreich, dem der Konvent in Paris auch zustimmte. Doch die preußischen Truppen eroberten die Stadt zurück und machten dem ersten deutschen Staatswesen mit freiheitlich-demokratischen Grundsätzen nach wenigen Monaten ein Ende.

Scheitern revolutionärer Bestrebungen in Deutschland

Zu einer allgemeinen revolutionären Erhebung wie in Frankreich kam es auf deutschem Boden allerdings nicht, obwohl es längs des Rheins und in Sachsen einige **Unruhen** gab. Auch der Versuch, 1797 im Rheinland eine sog. **Cisrhenanische Republik** zu gründen, scheiterte. Folgende Gründe waren dafür verantwortlich:

- Viele Sympathisanten der Französischen Revolution wandten sich angesichts der Eskalation des Terrors von der Revolution ab und bevorzugten den Weg der Reformen innerhalb des bestehenden Systems.
- In Deutschland fehlte eine breite, wohlhabende und nach politischer Verantwortung drängende bürgerliche Schicht als Träger der Revolution.

- Die territoriale Zersplitterung Deutschlands verhinderte die Bündelung der Kräfte, revolutionäre Impulse blieben regional begrenzt und konnten leicht niedergeschlagen werden, eine Hauptstadt als Zentrale der Revolution fehlte.
- Die Missstände waren nach den Reformen der aufgeklärten Herrscher in Preußen und Österreich längst nicht so gravierend und drückend wie in Frankreich.
- Das Direktorium verwarf den Plan einer Cisrhenanischen Republik, annektierte stattdessen das Rheinland und gliederte es ins französische Reich ein.

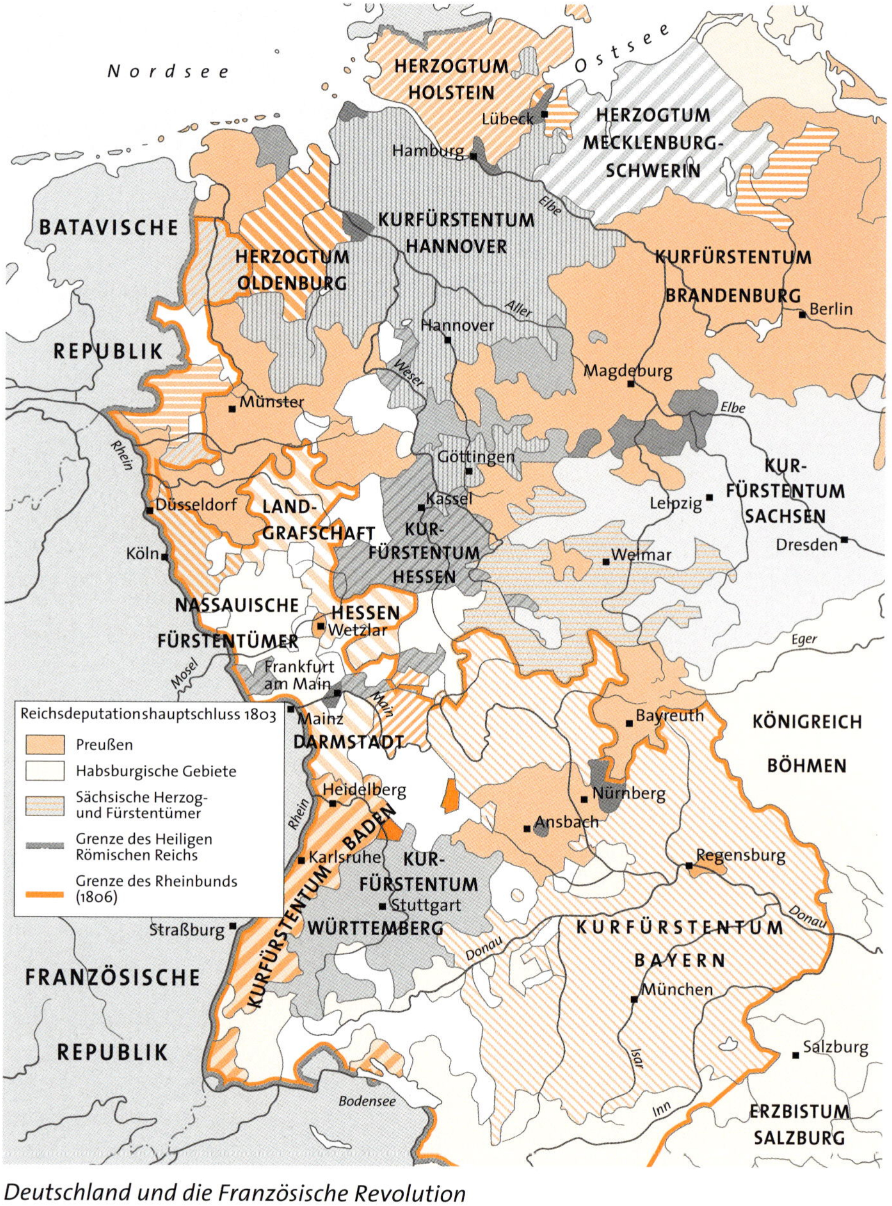

Deutschland und die Französische Revolution

2.1.2 Territoriale Veränderungen

Die Gebietsveränderungen in Mitteleuropa basierten auf dem sog. **Reichsdeputationshauptschluss,** den ein Ausschuss des deutschen Reichstages 1803 verabschiedete, nachdem Napoleon die linksrheinischen Gebiete annektiert hatte (vgl. Kap. 1.4.3). Im Einzelnen bedeutete das:

- Alle geistlichen Herrschaften, Reichsritterschaften und kleinen Reichsstädte wurden aufgelöst oder verloren ihre Reichsunmittelbarkeit **(Säkularisierung, Mediatisierung).** Diese Gebiete wurden als Entschädigung für verlorenes linksrheinisches Terrain den übrigen deutschen Fürsten zugeschlagen.
- Aus dem aus über 300 Territorien bestehenden Flickenteppich des Reichs entstanden **gut 30 unterschiedlich große Mittelstaaten**, dazu kamen die reichsunmittelbar gebliebenen **sechs Reichsstädte** Hamburg, Bremen, Lübeck, Frankfurt, Augsburg und Nürnberg.
- Besonders Preußen, Württemberg, Baden und Bayern konnten dabei ihre **Territorien** und **Einwohnerzahl** erheblich vergrößern. Württemberg, Baden, Hessen-Kassel und Salzburg wurden zu Kurfürstentümern erhoben.
- Nach der Niederlage Österreichs im dritten Koalitionskrieg und der Gründung des Rheinbunds (vgl. Kap. 1.4.3) bekamen Bayern, Württemberg und Baden weitere ehemals österreichische Gebiete hinzu; die Kurfürsten von Bayern, Württemberg und Sachsen erhielten außerdem den Königstitel.

Basiswissen **Langfristige Folgen des Reichsdeputationshauptschlusses**

Machtverlust für die katholische Kirche: Die organisatorische und finanzielle Basis des Katholizismus wurde schwer erschüttert, das religiöse Leben beeinträchtigt, zahlreiche Klöster wurden aufgelöst, viele Katholiken erhielten protestantische Landesherren, die konfessionelle Kluft in Deutschland vertiefte sich. Zugleich bot der Verlust weltlicher Macht der Kirche die Chance zur Besinnung auf ihre eigentlichen geistlichen Aufgaben und zur inneren Erneuerung.

Möglichkeiten zur Modernisierung: Im Rahmen größerer Staaten unter weltlicher Leitung konnten veraltete und kaum noch überlebensfähige feudale Strukturen eher aufgebrochen, Reformen in Verwaltung und Rechtspflege besser durchgeführt und die Wirtschaft einfacher von überkommenen Fesseln befreit werden.

2.1.3 Reformen in Preußen

Nach der vernichtenden Niederlage in der **Schlacht bei Jena und Auerstedt** gegen Napoleons Armeen (1806; vgl. Kap. 1.4.3) konnten nur drastische Reformen das Überleben des Staates sichern. Die Initiative ging von zwei adligen Staatsmännern aus, den Freiherren Karl vom und zum Stein (1757–1831) und Karl August von Hardenberg (1750–1822). Gegen starke feudale Widerstände setzten sie eine Staats- und Gesellschaftsreform „von oben" in Gang. Ihr Ziel war es, die **Wirtschaftskraft** des Staates zu steigern, die **Selbstständigkeit** und **Eigeninitiative** der Bürger zu stärken, ihre

Möglichkeiten **politischer Mitwirkung** zu verbessern und das **Nationalgefühl** zu wecken. Seine geistigen Wurzeln hatte das Reformprojekt in

- idealistisch-aufgeklärten Vorstellungen von der Verantwortung und Autonomie des Einzelnen und
- den Lehren des britischen Nationalökonomen Adam Smith (1723–90), wonach eine Steigerung der wirtschaftlichen Produktivität und das Gedeihen des Staates am besten durch die ungehemmte Entfaltung des ökonomischen Eigeninteresses der Individuen gewährleistet würden.

Biografie **Karl vom und zum Stein**

Der aus einem hessischen Reichsrittergeschlecht stammende Adlige trat 1780 in den preußischen Staatsdienst, wo er verschiedene Aufgaben übernahm. Als Finanz- und Wirtschaftsminister (ab 1804) und leitender Staatsminister (ab 1807) initiierte er die für die Auseinandersetzung mit Napoleon notwendigen Staatsreformen. Wegen seiner **antifranzösischen Haltung** bat er 1808 um seine Entlassung, der stattgegeben wurde, und begab sich nach Österreich ins Exil. 1812 wurde er **politischer Berater des Zaren** und vermittelte ein russisch-preußisches Bündnis, das schließlich zu den Befreiungskriegen führte. Stein entwickelte Pläne zur Neuordnung Deutschlands und beteiligte sich als russischer Delegierter am Wiener Kongress. Nach 1815 zog er sich ins Privatleben zurück.

Agrarreformen

Das bekannteste und wohl auch wichtigste Reformgesetz war das Oktoberedikt von 1807, das Leibeigenschaft und Erbuntertänigkeit der Bauern aufhob und ihnen die persönliche Freiheit schenkte (bis 1811 abgeschlossen). Damit verbunden waren das Ende ständischer Beschränkungen bei der **Berufswahl** und im **Güterverkehr** (z. B. bei Grundstückskäufen) und die Freiheit der **Eheschließung.**

Der grundherrschaftliche Landbesitz und an den Boden gebundene Dienstpflichten blieben allerdings davon unberührt. Das **Regulierungsedikt von 1811** legte fest, dass die Bauern, wollten sie die von ihnen bewirtschafteten Höfe in ihr Eigentum überführen, ein Drittel bis zur Hälfte des Landes an die bisherigen Besitzer abtreten oder diese durch eine entsprechende Geldzahlung entschädigen mussten. Auch die bisherigen Dienst- und Abgabepflichten mussten durch Geld abgelöst werden (25-facher Jahreswert). Eine weitere **Verordnung von 1821** regelte die Aufteilung des bisher von den Bauern genutzten Gemeindelands (Allmende); dieses fiel zum größten Teil an die Großgrundbesitzer.

Die **Folgen dieser Reformen** waren:

- Die Landwirtschaft wandelte sich in einen den Gesetzen des freien Wettbewerbs gehorchenden Wirtschaftsbereich **(Agrarkapitalismus).**
- **Hauptprofiteure** waren die **Großgrundbesitzer;** diese konnten ihr eigenbewirtschaftetes Land und ihre Kapitalausstattung durch die Ablösungsleistungen vergrößern und so ihre Güter in kapitalistische Großbetriebe umwandeln.

- Die **Groß- und Mittelbauern** konnten dank verbesserter Anbaumethoden und Ausweitung der Anbaufläche ihren Zahlungsverpflichtungen nachkommen und langfristig ihre Lage verbessern.
- **Leidtragende** waren die **Kleinbauern,** die das zur Ablösung nötige Geld nicht aufbringen konnten bzw. der Konkurrenz der Großbetriebe nicht gewachsen waren. Die meisten verkauften ihre Höfe und suchten als Tagelöhner auf dem Land oder als Industriearbeiter in der Stadt ihr Auskommen.

Gewerbereform

Durch ein Edikt von 1810 wurde der Zunftzwang abgeschafft und die **Gewerbefreiheit** eingeführt. Alle Zunftregeln, die u. a. der Ausschaltung der Konkurrenz dienten, wurden für ungültig erklärt. Jeder, der das wollte und sich zutraute, konnte nun einen Gewerbebetrieb eröffnen **(Wirtschaftsliberalismus).** Die Folgen waren:

- Die starke Vermehrung der Handwerksbetriebe führte zu einer Überbesetzung vieler Branchen und der Verarmung zahlreicher Handwerksmeister.
- Eigeninitiative, Konkurrenzkampf und Produktivitätssteigerungen wurden ermöglicht, Preußen wurde zum Vorreiter der Industrialisierung. Damit verbunden waren neue Arbeits- und Verdienstperspektiven in der Industrie.

Heeresreform

Auch das Heer hatte sich in den Napoleonischen Kriegen als dringend reformbedürftig erwiesen. Unter der Federführung der Generäle Gerhard von Scharnhorst (1755–1813), August Neidhardt von Gneisenau (1760–1831) und Hermann von Boyen (1771–1848) wurde das Heer in der Staatsbürgergesellschaft verankert und nach dem Leistungsprinzip reorganisiert. Das bedeutete im Einzelnen:

- Einführung der allgemeinen dreijährigen **Wehrpflicht,**
- Öffnung der Offizierslaufbahn für Nichtadlige und Beförderungen nach dem Leistungsprinzip,
- Abschaffung der Prügelstrafe.

Biografie **Karl August von Hardenberg**

Der aus hannoverschem Adel stammende Hardenberg arbeitete ab 1790 in der Provinz Ansbach-Bayreuth für den preußischen Staat. Von 1804 bis 1806 war er preußischer Außenminister, bis er auf Betreiben Napoleons zurücktreten musste. Nach seiner Ernennung zum Staatskanzler (1810) leitete er faktisch das Außen-, Innen- und Finanzministerium. Auf seine Initiative gingen die **Reformgesetze ab 1810** zurück. Beim Wiener Kongress konnte er für Preußen einen erheblichen Gebietszuwachs durchsetzen. Hardenberg entwarf auch eine Verfassung für Preußen, die aber nicht eingeführt wurde.

Staats- und Verwaltungsreformen

Durch ein Bündel von Reformmaßnahmen sollte der Saat leistungsfähiger gemacht, seine Finanzlage verbessert und die Bürger an der Verwaltung beteiligt werden.

- **Städteordnung:** Einführung der kommunalen Selbstverwaltung mit Wahl des Gemeinderats und der Befugnis, über kommunale Angelegenheiten zu entscheiden.
- **Verwaltungsreform:** Einrichtung von fünf klar abgegrenzten Ressortministerien, Trennung von Justiz und Verwaltung, Verwaltungsneugliederung des Landes mit ständischer Mitbestimmung.
- **Steuerreform:** Vereinheitlichung und Vereinfachung des Steuersystems, Streichung einiger Steuerprivilegien des Adels, Ausweitung der Verbrauchssteuern.

Bildungsreform und Judenemanzipation

Auch diese beiden Reformprojekte dienten den von den Reformern angestrebten gesamtstaatlichen und -gesellschaftlichen Zielen:

- Die **Bildungsreform** zielte darauf, die allgemeine Volksbildung zu heben und eine gesellschaftliche Elite zu schaffen. Dazu wurde ein aus Volksschule, Gymnasium und Universität bestehendes Bildungssystem aufgebaut.
- Mit der **Judenemanzipation** sollten Rechtsgleichheit und wirtschaftliche Betätigungsfreiheit für Juden hergestellt werden. Trotz eines enormen wirtschaftlichen und kulturellen Aufstiegs dieser bisher stark benachteiligten Bevölkerungsgruppe blieben Einschränkungen erhalten (Benachteiligung bei der Übernahme öffentlicher Ämter, an Universitäten und im Offizierskorps; Weiterbestehen von Ressentiments und Vorurteilen) und verhinderten eine vollständige Assimilation.

Chronologie	Preußische Reformen
1807	Agrarreform
1807–15	Heeresreform
1808	Städteordnung und kommunale Selbstverwaltung, Verwaltungsreform
1810	Gewerbereform, Steuerreform, Bildungsreform
1812	Judenemanzipation

2.1.4 Innere Entwicklung der anderen deutschen Staaten

Österreich

Ab 1809 lenkte Außenminister Klemens Graf von Metternich (1773–1859) in Einklang mit Kaiser Franz I. (1768–1835, Kaiser von Österreich ab 1804) die österreichische Politik. Er sorgte dafür, dass dort im Innern alles beim Alten blieb. Österreich war somit für die folgenden Jahrzehnte das **Kernland der Reaktion.** Das bedeutete:

- Adlige Grundherrschaft und feudales Agrarsystem blieben erhalten.
- Die Zunftbindung des städtischen Handwerks wurde nicht angetastet.
- Das weitgehend auf Verbrauchssteuern basierende Steuersystem ging zulasten der kleinen Leute und konnte die Finanzlage des Staates nicht verbessern.

- Mit Ausnahme des Adels blieb der größte Teil der Bevölkerung von politischer Mitwirkung ausgeschlossen.
- Demokratische Bestrebungen wurden durch einen effektiven Polizei- und Kontrollapparat hart unterdrückt.

Norddeutschland

Ähnlich wie in Österreich waren auch die Herrscher in den norddeutschen Fürstenstaaten (vor allem Sachsen, Hannover, Mecklenburg) nicht bereit, die überkommene Staats- und Gesellschaftsordnung zu modernisieren. **Adelsherrschaft** und **spätabsolutistische Herrschaftspraxis** konnten auf diese Weise zwar überleben, doch die politische, ökonomische und soziale Rückständigkeit dieser Länder machte sich durch den Reformstau langfristig umso nachteiliger bemerkbar.

Rheinland und Westfalen

Große Gebiete Deutschlands standen direkt oder indirekt unter französischem Einfluss: das linke Rheinland, das 1807 neu geschaffene Königreich Westfalen mit Napoleons Bruder Jérôme (1784–1860) an der Spitze und das von Napoleon in Personalunion selbst beherrschte Großherzogtum Kleve und Berg. Dort wurde der **Code civil** mitsamt den Bürgerrechten eingeführt; außerdem erhielten die **Bauern** das von ihnen bewirtschaftete Land entschädigungslos zum Eigentum und das **Wirtschaftsbürgertum** kam in den Genuss von Eigentums- und Wirtschaftsfreiheit.

Süddeutschland

In den zum Rheinbund gehörenden süddeutschen Staaten verbanden sich die Reformimpulse aus Frankreich mit dem Interesse der Herrscher, ihre neu zusammengestellten Gebiete durch verschiedene Erneuerungsmaßnahmen zu einem einheitlichen Staatswesen zu verschmelzen. Als herausragende und energische Reformer taten sich besonders die leitenden Minister Maximilian von Montgelas (1759–1838) in Bayern und Sigismund von Reitzenstein (1766–1847) in Baden hervor. Folgende Ziele standen für sie im Vordergrund:

- der Aufbau eines leistungsfähigen **Beamtenapparats** und die **Zentralisierung** der Verwaltung,
- die Umwandlung der ständischen Gesellschaftsordnung in eine **Gesellschaft gleichberechtigter Staatsbürger,** damit verbunden
- der **Abbau der Privilegien des Adels** bei der Besteuerung, in der Spitzenbürokratie und beim Militär, der Ersatz seiner traditionellen Befugnisse in der lokalen Verwaltung und im Polizei- und Gerichtswesen durch eine zentrale Steuerung von oben sowie die **Zurückdrängung** des Einflusses **des Klerus.**

Ein Ausdruck dieses Reformwillens war die **bayerische Konstitution von 1808,** die die Freiheits- und Bürgerrechte festschrieb und den König an die Verfassung band. Ein Jahrzehnt später, nach dem Ende der napoleonischen Herrschaft, wurden ähnliche Verfassungen auch in Baden und Württemberg eingeführt. Nicht oder nur zögernd modernisiert wurde das Wirtschaftsleben. Da die Zünfte erhalten blieben, ließ die Verwirklichung der Gewerbefreiheit noch auf sich warten.

2.2
Wiener Kongress und Neuordnung Europas

Unter der Leitung des österreichischen Außenministers Fürst Metternich versammelten sich 1814/15 Fürsten und Diplomaten aus ganz Europa in Wien, um nach der Niederlage Napoleons die europäische Staatenwelt neu zu ordnen. Letztlich entscheidend waren die **fünf Großmächte** Großbritannien, Österreich, Preußen und Russland sowie das nach wie vor wichtige Frankreich, dem seine ehemaligen Rivalen wieder eine gleichberechtigte Position am Verhandlungstisch einräumten. Die vielen Mittel- und Kleinstaaten waren zwar auch in Wien vertreten, spielten aber bei der endgültigen Beschlussfassung keine große Rolle.

Zusammenkunft der Monarchen und Staatsmänner auf dem Wiener Kongress

Basiswissen **Politische Grundsätze des Wiener Kongresses**

Restauration: Wiederherstellung der vorrevolutionären politischen und gesellschaftlichen Ordnung und des monarchischen Prinzips.
Legitimität: Herleitung aller Herrschaftsansprüche aus dynastischen Rechten und dem Gottesgnadentum, Leugnung der Volkssouveränität.
Solidarität: Enge Verbindung und Zusammenarbeit der europäischen Fürsten gegen revolutionäre bzw. demokratische „Umtriebe".

Bei der Neuordnung hatten die Großmächte ausschließlich die Interessen fürstlicher Herrschaft und monarchischer Autorität im Auge. Bestimmend waren dabei die drei Prinzipien **Restauration, Legitimität** und **Solidarität.** Den Grundsatz der Legitimität berücksichtigten die Großmächte allerdings nur insoweit, als er ihren jeweiligen Sicherheits- und Ordnungsvorstellungen entsprach. So lag ihnen z. B. nichts daran, die durch den Reichsdeputationshauptschluss geschaffenen Verhältnisse (vgl. Kap. 2.1.2) rückgängig zu machen und die alten Kleinherrschaften und geistlichen Fürstentümer wieder zu errichten. Erst recht fanden bei ihnen die nationalen oder demokratischen Wünsche der betroffenen Völker kein Gehör, die „Untertanen“ blieben Objekte der Kabinettspolitik.

2.2.1 Die Neuordnung Europas

Ein zentrales übergeordnetes Ziel, das alle Mächte verfolgten, war es, ein europäisches **Gleichgewichtssystem** zur Vermeidung von zukünftigen Kriegen zu errichten. Da man ein solches System nicht ohne Frankreich aufbauen konnte, wurde der Verlierer der Koalitionskriege auf Betreiben Metternichs ebenfalls an den Verhandlungen und Beschlüssen von Wien beteiligt. Am Ende stand die Etablierung der sog. **Pentarchie der europäischen Großmächte,** mit der es immerhin für rund ein halbes Jahrhundert gelang, den Frieden in Europa zu wahren. Erreicht wurde das Gleichgewichtssystem durch territoriale Verschiebungen und Umverteilungen, Wiedereinsetzung alter Dynastien und Herrschaften sowie ein gemeinsames entschlossenes Vorgehen gegen nationale und demokratische Bestrebungen. Nach außen wurde die in Wien geschaffene europäische Ordnung durch die sog. **Heilige Allianz** besiegelt.

Basiswissen **Heilige Allianz**

Am 26. 9. 1815 proklamierten die Herrscher Russlands, Österreichs und Preußens die **christliche Religion,** das **Gottesgnadentum** und die **Brüderlichkeit der Monarchen** zur Grundlage ihrer künftigen Politik im Rahmen des 1814/15 in Wien geschaffenen Mächtesystems. Gleichzeitig verpflichteten sie sich untereinander zum gegenseitigen Beistand gegen liberale und nationale Bestrebungen. Das Bündnis, dem später alle christlichen Mächte Europas mit Ausnahme Großbritanniens und des Vatikans beitraten, war somit die **Verkörperung der Restauration und der Pentarchie.**

Ergebnisse der territorialen Neuordnung

Im Einzelnen enthielten die nach zähen Verhandlungen in der Wiener Schlussakte vom 9. 6. 1815 festgehaltenen Vereinbarungen:

- Die im **Reichsdeputationshauptschluss** vorgenommenen Veränderungen blieben erhalten.
- **Frankreich** musste die in den Koalitionskriegen annektierten Gebiete wieder aufgeben; im Gegenzug kehrte es in den Kreis der Großmächte zurück und mit Ludwig XVIII. (1755–1824) kamen die Bourbonen wieder auf den Thron.
- **Russland** erhielt den Löwenanteil des zum vierten Mal unter den alten Teilungsmächten Österreich, Preußen und Russland aufgeteilten polnischen Staates. Das sog. **Kongresspolen** war ein neu geschaffenes Königreich, das der Zar in Personalunion regierte. Außerdem trat Schweden das von russischen Truppen besetzte Finnland an das Zarenreich ab.
- **Österreich** verzichtete auf seine bisherigen Besitzungen in den Niederlanden und am Oberrhein, in Galizien und Oberitalien dagegen konnte es seine alte Macht-

position zurückgewinnen und sogar noch ausbauen. Damit zog sich Österreich aus dem Westen und Süden Deutschlands zurück und verlagerte seinen Schwerpunkt stärker nach Osten und Südosten. Die ehemals österreichischen südlichen Niederlande wurden mit den alten nördlichen Niederlanden zum Königreich der Vereinigten Niederlande zusammengefügt.

- Als Kompensation für die Abtretung weiter, bei den ersten polnischen Teilungen erworbener Gebiete an Russland erhielt **Preußen** u.a. die Hälfte Sachsens, Vorpommern, Westfalen und das Rheinland nördlich der Nahe. Mit dieser Ausdehnung nach Westen war Preußen zur Schutzmacht gegen Frankreich am Rhein geworden und stand außerdem vor der Aufgabe, seine westlichen und östlichen Landesteile zusammenzufügen – eine wichtige Vorentscheidung für den deutschen Einigungsprozess von 1866/71.

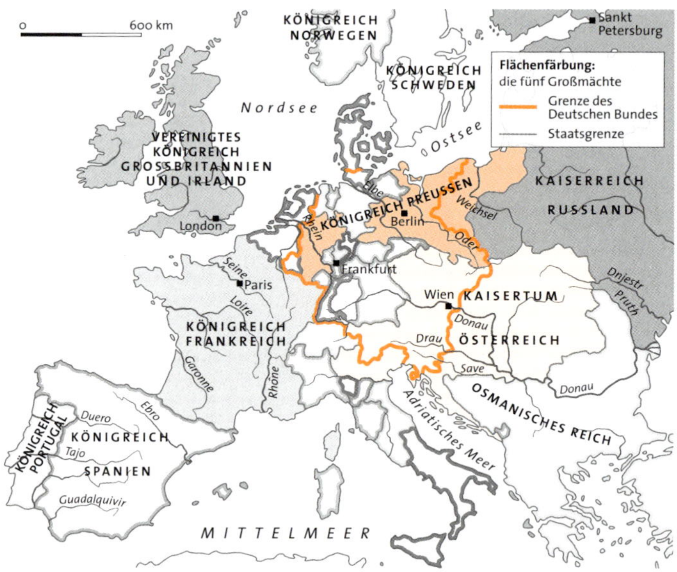

Europa nach dem Wiener Kongress

- **Großbritanniens** Stellung als führende Seemacht und Wächter des europäischen Gleichgewichts wurde bestätigt. Es erhielt Gebiete in Übersee und im Mittelmeer (Kapkolonie, Ceylon, Malta), außerdem Helgoland von Dänemark.
- Vor allem die **süddeutschen Staaten** waren Nutznießer der Neuordnung. Sie behielten ihre Gebietsgewinne von 1803, Bayern bekam außerdem Franken, Würzburg und Aschaffenburg im Austausch gegen Tirol, Salzburg und Vorarlberg hinzu.
- **Hannover** wurde zum Königreich erhoben, das vom englischen König in Personalunion regiert wurde, und konnte sich weiter nach Nordwesten ausdehnen.
- **Italien** blieb zersplittert, weil dort die alten Dynastien zurück an die Macht kamen und auch der Kirchenstaat wiederhergestellt wurde. In Norditalien konnte Österreich sein Territorium vergrößern.

Biografie **Klemens Wenzel von Metternich**

Der aus einem rheinischen Grafengeschlecht stammende Klemens Wenzel von Metternich war zunächst kaiserlicher Gesandter bzw. Botschafter in Dresden, Berlin und Paris, bevor er 1809 zum **österreichischen Außenminister** berufen wurde. 1813 erhielt er den Fürstentitel, seit 1821 war er **Staatskanzler** in Wien. Metternich war ein kompromissloser Verfechter des monarchischen Prinzips, der fürstlichen Legitimität und der europäischen Stabilität sowie gleichzeitig ein entschiedener Gegner aller demokratischen und nationalen Bestrebungen. Ab dem Wiener Kongress war Metternich der führende Staatsmann in Europa und im Deutschen Bund. Außenpolitisch setzte er auf das Gleichgewicht der fünf Mächte (Pentarchie) in Europa und eine enge Zusammenarbeit der drei konservativen Monarchien von Österreich, Russland und Preußen. Nach dem Ausbruch der Revolution von 1848 musste er zurücktreten und ging vorübergehend ins Ausland.

2.2.2 Der Deutsche Bund

In Wien beschäftigte man sich auch mit der inneren Gestaltung Deutschlands, das als Kernland Europas eine wichtige Rolle in der geplanten Gleichgewichts- und Friedensordnung spielte. Nach langwierigen Verhandlungen gründeten die souveränen deutschen Fürsten und Städte anstelle des untergegangenen Reichs mit der Bundesakte vom 8. 6. 1815 den **Deutschen Bund.** Dabei handelte es sich um einen lockeren **Staatenbund,** der durch die gemeinsame Zielsetzung der inneren und äußeren Sicherung Deutschlands zusammengehalten wurde. Die Bildung eines Nationalstaats oder die Wiederherstellung des Alten Reichs hätte das Gleichgewicht in Europa gestört bzw. die Position der zahlreichen deutschen Groß- und Mittelstaaten und das Prinzip der legitimen fürstlichen Autorität untergraben. Im Einzelnen zeichneten den Deutschen Bund folgende Merkmale aus:

- Der Bund war ein **Kernelement des europäischen Friedenssystems,** in den die anderen Großmächte entweder als Garantiemächte oder als Bundesfürsten eingebunden waren. Die Garantiemächte (u. a. Großbritannien, Österreich und Russland) besaßen das Recht, bei Verstößen gegen den Bundesvertrag in die inneren Angelegenheiten einzelner Bundesmitglieder einzugreifen.
- Bis zu seiner Auflösung 1866 umfasste er zwischen 34 und 38 souveräne Territorialstaaten und vier Freie Städte. Vier Bundesstaaten wurden in Personalunion von auswärtigen Herrschern regiert: Hannover vom englischen, Holstein und Lauenburg vom dänischen und Luxemburg vom niederländischen König.
- Beträchtliche Landesteile von Österreich (Ungarn, Gebiete auf dem Balkan und in Italien) und Preußen (Ost- und Westpreußen, Posen) gehörten nicht zum Deutschen Bund.
- Es gab kein gemeinsames Staatsoberhaupt, das organisatorische Zentrum des Deutschen Bunds war der **Bundestag** in Frankfurt a. M., der aus von den jeweiligen Regierungen bestimmten weisungsgebundenen Gesandten der Mitgliedstaaten bestand. Österreich erhielt den geschäftsführenden Vorsitz und die bei Stimmengleichheit ausschlaggebende Stimme. Wichtige Beschlüsse, z. B. Verfas-

sungsänderungen, mussten einstimmig erfolgen. Die Ausführung von Beschlüssen des Bundestages lag in der Hand der Einzelstaaten.

- Der Bund besaß keine gemeinsame Volksvertretung, keine gemeinsame Exekutive, kein einheitliches Heer sowie keine einheitliche Verwaltung, Gesetzgebung und Rechtsprechung. Im Kriegsfall konnte ein **Bundesheer** aus Truppen der Einzelstaaten aufgestellt werden.
- **Österreich** und **Preußen** waren faktisch die **Führungsmächte** des Bunds, ihre Rivalität war der Beginn des innerdeutschen Dualismus.
- Grundsätzlich verpflichtete sich der Bund zur Wahrung des **monarchischen Prinzips** in den Einzelstaaten; wo dieses bedroht war, konnte der Bund eingreifen.
- Zur Befriedigung liberaler Wünsche sah die Bundesakte für alle Mitgliedstaaten **landständische Verfassungen** vor, ohne allerdings genauere Fristen zu setzen. Es lag also in der Hand der Einzelstaaten, ob sie diese Ankündigung wahr machten. Symptomatisch war, dass die Herrscher der beiden größten Staaten Österreich und Preußen weiter ohne Verfassung regierten.

Zusammenfassend charakterisierte der Historiker Thomas Nipperdey 1983 den Deutschen Bund folgendermaßen:

Der Bund war für ein halbes Jahrhundert ein Instrument einer deutschen und europäischen Friedensordnung; er hat die deutschen Staaten untereinander befriedet und ihre Kräfte in Europa zugleich neutralisiert und beruhigt, für Europa erträglich gehalten. [...] Dennoch, der Bund war keine Ordnung der Freiheit und keine der nationalen Einheit; er war eine Barriere gegen die liberal-nationale Bewegung der Zukunft, war ein Sieg der partikularstaatlichen Restauration.

„Deutschlands Hoffnung"; Tagung des Bundestags in Frankfurt am Main, Bundesversammlung der bevollmächtigten Gesandten aller Bundesstaaten (Kolorierte Radierung, 1816)

2.2.3 Restauration in Europa

Die unter Metternichs Führung in Wien ins Leben gerufene restaurative Allianz der konservativen Mächte Europas wurde in den folgenden Jahren bei zwei Gelegenheiten noch einmal ausdrücklich bekräftigt:

- Nach der endgültigen Niederlage Napoleons wandelten die vier Alliierten Russland, Österreich, Großbritannien und Preußen anlässlich der Unterzeichnung des zweiten Pariser Friedensvertrags mit Frankreich (20.11.1815) ihr Kriegsbündnis in ein Sicherheitsbündnis gegen künftige Revolutionen um **(Quadrupelallianz)** und planten für die Zukunft regelmäßige gemeinsame Sicherheitskonferenzen.

- Bei der ersten europäischen **Sicherheitskonferenz in Aachen** im Herbst 1818 berieten die vier Mächte Maßnahmen gegen nationale und liberale Bewegungen in Europa und nahmen Frankreich in das europäische Sicherheitssystem auf. Das Gebiet des ehemaligen Gegners wurde von Besatzungstruppen geräumt, die Kriegsentschädigung endgültig geregelt und die in Europa bestehenden Grenzen und gesellschaftlichen Verhältnisse wurden feierlich garantiert.

Auflösung des restaurativen europäischen Sicherheitssystems

Doch schon in den 1820er-Jahren wurde das metternichsche System in verschiedenen Gebieten Europas ernsthaft erschüttert. Liberale, demokratische und nationale Wünsche ließen sich nicht auf Dauer mundtot machen.

- In **Spanien** und **Portugal** brachen 1820 von liberalen Offizieren und ihren Truppen getragene Aufstände aus, die sich rasch ausbreiteten. Sie verlangten die Rückkehr zu der von dem 1814 eingesetzten und strikt absolutistisch regierenden König Ferdinand VII. (1784–1833) aufgehobenen Verfassung von 1812 (Spanien) bzw. die Einrichtung einer konstitutionellen Monarchie (Portugal).
- In **Italien** (Neapel-Sizilien und Piemont-Sardinien) gab es zur gleichen Zeit einen konstitutionellen Militärputsch und nationalliberale Unruhen.
- 1821 begann der Freiheitskampf der **Griechen** gegen die osmanische Herrschaft.
- Auch im **Deutschen Bund** sahen sich die Fürsten immer stärker mit liberalen und nationalen Forderungen konfrontiert (vgl. Kap. 2.3.1 und 2.3.2).

Daraufhin zeichneten sich **erste Risse** in Metternichs restaurativem Sicherheitssystem ab. Zur Bewältigung der Probleme vor allem in Neapel-Sizilien fand auf Einladung Metternichs im Herbst 1820 in Troppau (Mährisch-Schlesien) ein **Fürstenkongress** statt. Dort bekräftigten die konservativen Ostmächte Russland, Österreich und Preußen zwar ihren Willen, notfalls mit Gewalt gegen die Störer der bestehenden Ordnung vorzugehen, doch Frankreich und Großbritannien distanzierten sich und unterzeichneten das gemeinsame Protokoll nicht. Immerhin gelang es Österreich noch einmal, die inzwischen in Neapel-Sizilien verabschiedete Verfassung durch eine Militärintervention zu beseitigen.

Doch das angeschlagene System zerbröckelte weiter. Als bei einem weiteren **Kongress in Verona** (Herbst 1822) beschlossen wurde, Frankreich mit einer militärischen Aktion gegen Spanien zu beauftragen, machte sich Großbritannien zum Anwalt nationaler Interessen und sagte sich von dem Bündnis los.

Den **endgültigen Bruch** des konservativen Sicherheitssystems löste der griechische Unabhängigkeitskampf aus. Russland, dem an einer Schwächung des Osmanischen Reichs gelegen war, Großbritannien und Frankreich einigten sich 1827 im **Londoner Vertrag** über die Köpfe der anderen europäischen Staaten hinweg und ohne Beteiligung Metternichs darauf, auf einen Waffenstillstand und die Bildung eines unabhängigen griechischen Staates hinzuwirken. 1830 erlangte Griechenland seine Unabhängigkeit.

2.3 Deutschland zwischen Restauration und Reform

Die Jahrzehnte zwischen dem Wiener Kongress und der im März 1848 ausbrechenden deutschen Revolution bezeichnet man als **Vormärz.** Diese Epoche war von zwei gegenläufigen Tendenzen geprägt:

- Auf der einen Seite stand das Bestreben der **Herrscher** und der alten **konservativen Elite,** möglichst zu den vorrevolutionären Zuständen zurückzukehren, ihre traditionelle Herrschaft „von Gottes Gnaden“ und ihre gesellschaftliche Stellung gegen Mitbestimmungsforderungen „von unten“ zu verteidigen und keinen nationalen Einigungs- und Sonderwünschen nachzugeben.
- Gegen diese Kräfte der Beharrung artikulierte sich auf der anderen Seite im Lauf der Zeit immer stärker ein selbstbewusstes **Bildungsbürgertum** (Studenten, Professoren, Akademiker), das danach strebte, politisch mitzubestimmen und die alte Kleinstaaterei durch die Gründung eines deutschen Nationalstaats zu überwinden. Diese Auseinandersetzung zwischen Restauration und Reform gipfelte schließlich 1848/49 in der deutschen Revolution.

Basiswissen **Restauration/Reaktion**

Unter **Restauration** versteht man die Wiederherstellung vorrevolutionärer Zustände bzw. die Wiedereinsetzung entmachteter Herrscher; besonders geprägt von diesem Herrschaftsgrundsatz war die Periode zwischen 1815 und 1848. Allerdings wurden die grundlegenden Veränderungen im Gefolge der Französischen Revolution nicht völlig rückgängig gemacht, sondern unter Wahrung des monarchischen Legitimitätsprinzips zum Teil modifiziert, angepasst oder übernommen.

Unter **Reaktion** versteht man im historisch-politischen Sinn eine sich dem gesellschaftlichen Fortschritt entgegenstellende, antidemokratische und rückwärtsgewandte Haltung.

2.3.1 Restauration im Deutschen Bund

Fortdauer des Absolutismus in Österreich

Österreich war beim Wiener Kongress unter der Leitung Metternichs zur führenden Macht auf dem Kontinent aufgestiegen. Das besondere Merkmal dieses Staates war, dass unter seinem Dach eine Vielzahl ethnisch und sprachlich verschiedener Völker lebte. Das einigende Band dieses **Vielvölkerstaats** war der gemeinsame Monarch aus dem Haus Habsburg. Das dynastische Prinzip gehörte fast lebensnotwendig zur Existenz Österreichs und nationale Forderungen drohten, den Zusammenhalt des Landes zu sprengen. Aus diesen Gründen lag Metternich nichts an einer gesamtstaatlichen Verfassung und einem gemeinsamen Parlament, das zu einer öffentlichen Plattform für nationale und demokratische Forderungen werden konnte. Immerhin rief er in einigen Landesteilen ständische beratende Provinziallandtage ins Leben. Doch gegen die flächendeckende Einrichtung solcher Standesvertretungen und die Einrichtung eines zentralen Staatsrats sperrte sich der Kaiser.

So blieb Österreich – trotz einiger Zugeständnisse – ein Hort des Absolutismus und das **Kernland der Restauration.** Kennzeichnend für den dort herrschenden Geist war ein Urteil Metternichs über die Reformbewegung aus dem Jahr 1826:

[Das] Übel ist der revolutionäre Geist, geboren aus jener ordnungswidrigen Unruhe, welche die Umwälzungen der Epoche der heutigen Generation aufgeprägt haben. Gespeist durch begehrliche Leidenschaften und tiefe Entsittlichung der einen, begrüßt durch den Fanatismus der anderen. Systematisch in ihren Plänen, streng folgerichtig in ihrem lichtscheuen Treiben finden die Führer dieser gottlosen Sekte, die sich zum Sturz der Altäre und Throne zusammenschloss, von einem Ende Europas zum anderen Verbündete für die Durchführung ihrer verbrecherischen Unternehmungen [...].

Nationale und liberale Jugendbewegung

Wichtige Impulse der deutschen Reformbewegung gingen von den **Universitäten und Studenten** aus. Auslöser war die Auseinandersetzung mit den Eroberungs- und Großmachtbestrebungen Frankreichs unter Napoleon einerseits und die Beschäftigung mit den Ideen der Französischen Revolution andererseits. Viele Studenten hatten an den Befreiungskriegen gegen Napoleon teilgenommen und setzten sich nun für die Abschaffung der deutschen Kleinstaaterei, die Gründung eines deutschen Reichs und die Gewährung individueller Freiheitsrechte im Rahmen einer Verfassung ein.

Basiswissen Nation/Nationalismus

Unter Nationen versteht man seit dem 18. Jahrhundert Bevölkerungsgruppen mit wichtigen Gemeinsamkeiten, wozu vor allem Sprache, Kultur und Territorium, aber auch gesellschaftliche Grundüberzeugungen sowie Gemeinsamkeiten der Rechts- und Staatsordnung zu zählen sind. Man unterscheidet **Kulturnationen,** die sich von einer gemeinsamen Kultur und Sprache herleiten (z. B. Deutschland), und **Staatsnationen,** zu denen man – unabhängig von ethnischer Zugehörigkeit – durch Geburt oder aktiven Beitritt gehört (z. B. Frankreich).

Die Nationalbewegung des späten 18. und des 19. Jahrhunderts wurzelte im Bürgertum und forderte die Verwirklichung von Volkssouveränität und nationaler Selbstbestimmung. In staatlich zersplitterten Ländern wie Italien und Deutschland stand der Wunsch nach nationaler Einheit im Vordergrund. Die im Lauf des 19. Jahrhunderts aufkommende Ideologie des **Nationalismus** hob die Vorzüge und Machtansprüche der eigenen Nation gegenüber anderen Nationen hervor, was häufig zu Rivalitäten zwischen den Nationalstaaten führte. Die extreme und aggressive Form des Nationalismus nennt man **Chauvinismus.**

Als organisatorische Plattform dieser Bewegung bildeten sich ab 1815 – zuerst in Jena und Gießen, später auch an verschiedenen anderen Universitäten – aus den traditionellen landsmannschaftlichen Verbindungen der Studenten sog. **Burschenschaften.** Ihre geistigen Väter waren u. a. die Hochschullehrer Ernst Moritz Arndt (1769–1860) und Johann Gottlieb Fichte (1762–1814) sowie der als Initiator der Turnbewegung bekannt gewordene Friedrich Ludwig Jahn (1778–1852).

Biografie **Ernst Moritz Arndt**

Der als Sohn eines Gutspächters auf Rügen geborene Arndt wurde nach dem Studium der Theologie und Geschichte zunächst Hauslehrer, dann 1805 Professor in Greifswald. Er rief schon früh zum Kampf gegen Napoleon auf und musste deswegen zeitweilig nach Schweden fliehen. Nach seiner Rückkehr engagierte er sich mit martialisch-nationalistischen Liedern, Gedichten und Schriften für die nationale Sache (z. B. „Lieder für Teutsche" und „Der Rhein. Teutschlands Strom, aber nicht Teutschlands Grenze", 1813); darin offenbarte er krass **franzosenfeindliche, antisemitische und militaristische** Überzeugungen. 1818 wurde Arndt Professor in Bonn, aber schon 1820 im Zuge der Karlsbader Beschlüsse wieder von seinem Amt suspendiert. 1840 wurde er rehabilitiert und 1848 zum Abgeordneten der Frankfurter Nationalversammlung gewählt (vgl. Kap. 2.4.2).

Wartburgfest

Ein erster Höhepunkt dieser studentischen Bewegung war das Wartburgfest vom 18.10.1817. Zur 300-Jahrfeier des Thesenanschlags Martin Luthers und zum Jahrestag der Völkerschlacht bei Leipzig lud die Jenaer Burschenschaft Studenten anderer deutscher Universitäten zu einer gemeinsamen Feier auf der Wartburg ein. Knapp 500 Studenten von elf Universitäten kamen dort zusammen. Viele trugen im Rückgriff auf die vermeintlich große mittelalterliche Vergangenheit Deutschlands altdeutsche Röcke und Haartrachten. Die Versammlung verabschiedete ein gemeinsames **Grundsatzprogramm.** Darin hieß es:

Ein Deutschland ist, und ein Deutschland soll sein und bleiben. Je mehr die Deutschen durch verschiedene Staaten getrennt sind, desto heiliger ist die Pflicht für jeden frommen und edlen deutschen Mann und Jüngling, dahin zu streben, dass die Einheit nicht verloren gehe und das Vaterland nicht verschwinde. [...] Freiheit und Gleichheit ist das Höchste, wonach wir zu streben haben und wonach zu streben kein frommer und ehrlicher deutscher Mann jemals aufhören kann. Aber es gibt keine Freiheit als in dem Gesetz und durch das Gesetz, und keine Gleichheit als mit dem Gesetz und vor dem Gesetz.

Am Abend inszenierte eine kleine Gruppe von Turnerstudenten aus dem Umfeld Jahns – in Anlehnung an Luthers Verbrennung der Bannandrohungsbulle des Papstes – eine öffentliche **Verbrennung** von aus ihrer Sicht **undeutschen und reaktionären Symbolen und Schriften** (dazu gehörten u.a. ein Soldatenzopf, Teile einer preußischen Ulanenuniform, ein Korporalstock, der Code civil, preußische Polizeigesetze und Schriften konservativer Staatsrechtler). Im Rückblick betrachtet zeigte sich auf der Wartburg schon früh das Doppelgesicht dieser Bewegung: **Freiheitlich-liberales Gedankengut** stand neben zum Teil verbohrter und **fremdenfeindlicher Deutschtümelei und aggressivem Nationalismus,** in die sich besonders bei Arndt, Jahn und ihren Anhängern auch **völkische und antisemitische Ideen** mischten. Der Historiker Hans-Ulrich Wehler bezeichnete daher das bei den Burschenschaftlern verbreitete Gedankengut als eine „wirre Mischung aus antikonservativem Protest, Germanenkult, Frankophobie und Judenhass".

Wartburgfest 1817, Verbrennung eines Schnürleibs der preußischen Garde, eines österreichischen Korporalstocks und „undeutscher" Schriften

Karlsbader Beschlüsse

Im Umgang mit den Burschenschaften und anderen nationalistisch-liberalen Akademikern offenbarte das **System Metternich** seine ganz Härte:

- Schon bei der Aachener Sicherheitskonferenz vom Herbst 1818 (vgl. Kap. 2.2.3) versuchte Metternich, gegen die kritischen Geister vorzugehen, stieß aber noch auf Widerstand bei den preußischen Vertretern Hardenberg und Wilhelm von Humboldt, die ihre Universitätsreform bedroht sahen (vgl. Kap. 2.1.3).
- Der Mordanschlag des radikalen Theologiestudenten Karl Ludwig Sand (1795 bis 1820) auf den Schriftsteller und russischen Generalkonsul August von Kotzebue (1761–1819), einen entschiedenen Gegner der Burschenschaften und Anhänger der Restauration, bot Metternich dann 1819 den Anlass zur Verwirklichung drastischer Unterdrückungsmaßnahmen.
- Eine Ministerkonferenz im böhmischen Karlsbad beschloss ein **Maßnahmenbündel zur Unterdrückung der freiheitlich-nationalen Bewegung,** das anschließend vom Bundestag übernommen und zu geltendem Recht im Deutschen Bund gemacht wurde. Die Führungsmächte Österreich und Preußen sorgten dafür, dass diese Karlsbader Beschlüsse bis 1848 in Kraft blieben.

Basiswissen **Karlsbader Beschlüsse**

Universitätsgesetz: Ernennung von Staatsbeauftragten zur Kontrolle der Lehrveranstaltungen und des akademischen Lebens; Verfolgung sog. Demagogen; Entlassung und Berufsverbote für missliebige Professoren und sonstige Lehrkräfte; Verbot der Burschenschaften.
Pressegesetz: Einführung der Vorzensur für alle Bücher und Zeitschriften bis zu 320 Seiten, längere Texte wurden nachträglich zensiert.
Untersuchungsgesetz: Einrichtung einer zentralen Behörde in Mainz zur Untersuchung der „revolutionären Umtriebe".

Als z. B. in Baden der liberale Großherzog 1831 ein neues Pressegesetz erließ und die Zensur abschaffte, zwangen sie ihn durch den Bundestag, das Gesetz wieder aufzuheben. So herrschte im Deutschen Bund ein Klima der Repression und Verfolgung, von Ängstlichkeit und Anpassung. Die Repräsentanten der Nationalbewegung wurden in die Illegalität gedrängt, weithin herrschte der Polizeistaat. Erst nach der französischen Julirevolution 1830 meldeten sich die Reformkräfte allmählich wieder zu Wort.

„Der Denker-Club", die Karikatur zu den Karlsbader Beschlüssen setzt den Mangel an Meinungsfreiheit im Deutschen Bund in Szene (um 1819)

Restauration in Preußen

Trotz der fortschrittlichen Reformmaßnahmen nach 1806 (vgl. Kap. 2.1.3) blieb in Preußen verfassungsrechtlich nach 1815 alles beim Alten: Es gab weiter keine Verfassung und der König regierte nach wie vor im Grunde absolut. So war Preußen neben Österreich die zweite wichtige Säule der Restauration im Deutschen Bund. Das hatte folgende Gründe:

- Der Adel, unter dessen Führung die königlichen Heere in den Befreiungskriegen erfolgreich gekämpft hatten, witterte nun wieder Morgenluft. Er ging nicht nur zur bürgerlichen Reformbewegung in Opposition, sondern auch zur staatlichen Bürokratie, die die alten Mitspracherechte des Adels zu beschneiden versuchte.
- Nach der Einführung der preußischen Reformen und der Modernisierung von Wirtschaft, Gesellschaft und Verwaltung ließ der Druck auf eine politische Umgestaltung nach und Forderungen nach einer Verfassung wurden weniger vehement vorgebracht.
- Mit der Entlassung Humboldts, der sich den Karlsbader Beschlüssen widersetzt hatte, im Jahr 1819 und dem Tod Hardenbergs im Jahr 1822 hatten wichtige Reformer die öffentliche Bühne verlassen. Nun gewannen konservative Berater verstärkt Einfluss auf den König.

Anstelle der Verabschiedung einer Verfassung wurden in Preußen allerdings 1823 sog. **Provinziallandtage** eingerichtet. In diesen ständisch zusammengesetzten Gremien waren adlige, städtische und bäuerliche Grundbesitzer vertreten, wobei der Adel deutlich dominierte. Diese Landtage hatten gegenüber der Regierung beratende Befugnisse und nur auf Provinzebene legislative Rechte. Daher entwickelten sich die Landtage meist zu konservativen Organen des Provinzpartikularismus.

Wiederaufleben der Reformkräfte nach der Julirevolution in Frankreich

Die Julirevolution in Frankreich beflügelte die Reformkräfte in ganz Europa. In **Italien** und **Polen** brachen nationale und liberale Unruhen aus, die jedoch niedergeschlagen wurden. Die **südlichen Niederlande** trennten sich wegen starker Bevormundung vom Norden und gründeten mit dem Königreich **Belgien** einen neuen Staat mit einer fortschrittlichen Verfassung.

Basiswissen **Julirevolution in Frankreich**

In Frankreich eskalierte im Juli 1830 ein schon länger schwelender Konflikt zwischen dem reaktionären Herrscher Karl X. (1757–1836) und der von Liberalen dominierten Abgeordnetenkammer. Als der König seinen Machtanspruch durchsetzen und die Kammer auflösen, das Wahlrecht verschlechtern und die Pressezensur verschärfen wollte, erhoben sich in Paris – unterstützt vom liberalen Bürgertum – Handwerker, Arbeiter und Studenten. Nach dreitägigen Barrikadenkämpfen musste Karl X. abdanken und nach Großbritannien fliehen. An seiner Stelle übernahm der sog. Bürgerkönig Louis Philippe I. (1773–1850) den Thron.

Zug zum Hambacher Schloss; neben Akademikern forderten auch viele Handwerker und Arbeiter ein freies und geeintes Deutschland.

Hambacher Fest

Auch im **Deutschen Bund** gab es in einigen Bundesstaaten Unruhen, die sich gegen die Unterdrückung des politischen Lebens und zum Teil auch gegen zu hohe Steuerbelastungen richteten. Die liberale Nationalbewegung gewann nach Jahren der Repression wieder Auftrieb. Der Höhepunkt war das **Hambacher Fest** Ende Mai 1832. Auf Einladung der Publizisten Philipp Jakob Siebenpfeiffer (1789–1845) und Johann Georg August Wirth (1798–1848) versammelten sich auf dem Hambacher Schloss in der Pfalz etwa 20 000–30 000 Menschen zur ersten Massenkundgebung der deutschen Geschichte und bekannten sich unter den Farben Schwarz-Rot-Gold zu Deutschlands Einheit und Freiheit.

Basiswissen **Schwarz-Rot-Gold**

Die Farben Schwarz-Rot-Gold haben ihren Ursprung in den Befreiungskriegen von 1813/14. Das meist aus studentischen Freiwilligen aus allen Teilen Deutschlands gebildete Freikorps des Majors Adolf von Lützow trug zur Erkennung einheitliche Kleidung: schwarz gefärbte Uniformen mit goldenen Knöpfen und roten Ärmelaufschlägen und Nähten. Beim Hambacher Fest wurden erstmals Trikoloren mit diesen Farben als Symbol deutscher Einheit und Freiheit mitgeführt.

Zum Schluss seiner Eröffnungsrede rief Siebenpfeiffer emphatisch aus:

Es lebe das freie, das einige Deutschland! Hoch leben die Polen, der Deutschen Verbündete! Hoch leben die Franken [Franzosen], der Deutschen Brüder, die unsere Nationalität und Selbstständigkeit achten! Hoch lebe jedes Volk, das seine Ketten bricht und mit uns den Bund der Freiheit schwört! Vaterland – Volkshoheit – Völkerbund hoch!

Frankfurter Wachensturm und die Verschärfung der Repression

Ein knappes Jahr später (3.4.1833) versuchten Verschwörer aus dem studentischen Milieu, durch eine spektakuläre Aktion eine **allgemeine Revolution** in Deutschland auszulösen. Sie planten, die beiden Frankfurter Polizeiwachen zu stürmen, sich die dort aufbewahrten Waffen und die Kasse des Deutschen Bund anzueignen und die Gesandten des Bundestages gefangen zu nehmen. Das durch Verrat bekannt gewordene Unternehmen misslang jedoch und ging im Gewehrfeuer des rechtzeitig alarmierten Militärs unter. Es gab viele Tote und Verletzte.

Die Ereignisse von Hambach und Frankfurt jagten Metternich, der preußischen Regierung und den Ministern der deutschen Mittelstaaten einen panischen Schrecken ein. Metternich befürchtete sogar eine **gesamteuropäische Revolution.** Am 20.4.1833 schrieb er an den Wiener Polizeichef Karl Gustav Noé:

Jene verruchte Verbrüderung, welche seit einem halben Jahrhundert an dem Umsturze der bestehenden und selbst aller möglichen gesetzlichen Ordnung und aller Throne unablässig arbeitet, hat im Jahre 1830 in Frankreich einen bedeutenden Sieg errungen, welcher ihr jedoch keineswegs genügt: ihr Plan geht weiter, er umfasst die Welt.

1832/34 setzte Metternich im Deutschen Bund verschärfte **Repressionsgesetze** durch, unter denen die liberale Bewegung in der Folgezeit stark zu leiden hatte:

- Die in den Einzelstaaten erreichten Handlungsspielräume der Landtage wurden erheblich eingeschränkt.
- Eine neue **Zentralkommission** zur Kontrolle der Landtage und zur allgemeinen Überwachung wurde eingerichtet.
- Politische Vereine, Versammlungen und Reden, das Tragen politischer Abzeichen und das Errichten von Freiheitsbäumen wurden verboten.
- Die **Zensur** von Schriften wurde verschärft.
- Oppositionelle wurden aus dem Staatsdienst entlassen, zu **Freiheitsstrafen** verurteilt oder in die Emigration getrieben. Nach dem Frankfurter Wachensturm wurden z. B. gegen Mittäter und Sympathisanten 39 Todesstrafen und 165 langjährige Haftstrafen verhängt.
- Die **Universitäten** wurden noch schärfer als bisher überwacht.

Besonderes Aufsehen erregte 1837 der Fall der **Göttinger Sieben.** Als der neue König von Hannover Ernst August I. (1771–1851) die liberale Verfassung von 1833 aufhob, protestierten sieben namhafte Professoren der Göttinger Universität öffentlich gegen diesen Staatsstreich, unter ihnen die Brüder Jacob und Wilhelm Grimm. Daraufhin wurden sie aus ihren Ämtern entlassen und einige sogar des Landes verwiesen.

Chronologie	Reformbewegung und Restauration im Deutschen Bund
1817	Wartburgfest der deutschen Burschenschaften
1819	Karlsbader Beschlüsse
1832	Hambacher Fest
1833	Frankfurter Wachensturm
1837	Entlassung der Göttinger Sieben

Von einem totalitären Polizeistaat moderner Prägung konnte im Deutschen Bund allerdings nicht die Rede sein: Die Einzelstaaten handhabten die Unterdrückungspraxis recht unterschiedlich. Viele Strafen wurden bald abgemildert. Entlassene Professoren fanden oft wieder eine Anstellung. Und die Zensur konnte man durch Ausweichen in andere Territorien (z. B. die freien Städte) oder durch Anonymisierung von Autorennamen und Verlagsort umgehen; häufig waren die Zensoren auch schlicht überfordert. Trotz dieser Einschränkungen hat jedoch die **Repression im Vormärz** die **politische Kultur** in Deutschland langfristig **negativ beeinflusst,** da sie:

- die Herausbildung einer kritischen Öffentlichkeit stark behinderte,
- die Machtstellung der alten konservativen Institutionen stärkte und
- die Ausweitung politischer Mitspracherechte unterdrückte.

Insgesamt wurde die Entwicklung eines freien Staatsbürgertums verhindert und eine Untertanenmentalität gefördert. Viele Menschen flüchteten sich ins Private und suchten in der Familienidylle ihr beschauliches und unpolitisches Glück **(Biedermeier).**

2.3.2 Verfassungen in den deutschen Mittelstaaten

Staatsbildung und Verfassung in Süddeutschland

Innerhalb des Deutschen Bunds erhielten die süddeutschen Mittelstaaten als Erste Verfassungen, **Bayern** 1818, **Württemberg** und **Baden** 1819, das Großherzogtum **Hessen** 1820. Die Gründe für diese relativ frühe Verfassungsentwicklung wurden in Kap. 2.1.4 bereits dargelegt. Die eigene **Staatsräson** motivierte also die dortigen Herrscher, den bisher praktizierten bürokratischen Absolutismus zugunsten einer konstitutionellen Monarchie aufzugeben. Außerdem konnte sich ein derartig legitimierter Verfassungsstaat besser gegen Eingriffe des von Österreich und Preußen dominierten Deutschen Bunds behaupten. Zudem ließ sich die langfristig auch für den Staat vorteilhafte Modernisierung von Wirtschaft und Gesellschaft in einer Staatsordnung mit Mitspracherechten der Bürger besser verwirklichen.

Sozialprotest und Verfassung in Mittel- und Norddeutschland

Die größeren nord- und mitteldeutschen Staaten bekamen erst nach der französischen Julirevolution eine Verfassung: **Kurhessen** und **Sachsen** 1831, **Braunschweig** 1832 und **Hannover** 1833. Im Unterschied zu Süddeutschland beugten sich die Fürsten hier dem Druck „der Straße". An Volksaufläufen und Massendemonstrationen beteiligten sich nicht nur liberale Bürger, sondern auch klein- und unterbürgerliche Gruppen sowie Bauern. Deren **Sozialprotest** verlieh der liberalen Verfassungsbewegung eine erhebliche Stoßkraft. In Braunschweig wurde der Herzog verjagt und das Schloss in Brand gesteckt. In Sachsen formierten sich von der frühen Industrialisierung betroffene Handwerksgesellen, Lehrlinge und verarmte Kleinmeister zu einer sozialrevolutionären Protestbewegung. Die aufgebrachte Menge erstürmte Polizeiwachen, verbrannte Polizeiakten und ging gegen Unternehmervillen vor, sodass die Regierung schließlich nachgab und eine Verfassung gewährte.

Kennzeichen der deutschen Verfassungen

Die in Süd-, Mittel- und Norddeutschland verabschiedeten Verfassungen wiesen einige wesentliche gemeinsame Merkmale auf.

- **Konstitutionelle Monarchie:** Von einer Verwirklichung des Prinzips der Volkssouveränität war keine Rede. Vielmehr blieb das monarchische Prinzip, verbunden mit der Erblichkeit der Krone, erhalten. Im Monarchen verkörperte sich die Souveränität des Staates, er besaß die alleinige Exekutivgewalt und er war an der Legislative durch das Recht zur Genehmigung von Gesetzen beteiligt.
- **Zweikammersystem:** Die Legislative war in der Regel auf zwei Kammern aufgeteilt. Die erste Kammer bestand aus erblichen Mitgliedern (Adligen, Grundherren) und vom König auf Lebenszeit ernannten hohen Beamten, Geistlichen und verdienten Bürgern; in der zweiten Kammer saßen die von den wahlberechtigten Bürgern gewählten Abgeordneten. Gesetze konnten nur mit Zustimmung beider Kammern verabschiedet werden. Faktisch beschränkte sich die erste Kammer meist auf ihr Vetorecht gegenüber Beschlüssen der zweiten Kammer. Diese entwickelten sich – besonders in Süddeutschland – zu Plattformen der liberalen Opposition und zu Bühnen einer neuen bürgerlichen Führungsschicht.
- **Eingeschränktes und gestuftes Wahlrecht:** Wahlen waren weder direkt noch gleich und oft auch nicht geheim. Vielmehr war die Wahlberechtigung an Geschlecht (Männer), Alter (meist ab 25 Jahre) und eine bestimmte Steuerleistung **(Zensus)** gekoppelt. Tatsächlich besaßen nur etwa sechs Prozent der Männer das Wahlrecht. Durch ein zwischengeschaltetes Wahlmännersystem waren die Wahlen außerdem indirekt, wodurch Honoratioren bevorzugt wurden.

2.3.3 Bildung und bürgerliche Öffentlichkeit

Eine wichtige Wurzel des sich immer stärker entwickelnden politischen Bewusstseins war die **allmähliche Hebung des Bildungsniveaus** der Bevölkerung. Je höher der Grad der Alphabetisierung war, desto autonomer konnten sich die Menschen mit politischen Ereignissen beschäftigen und ihre Forderungen artikulieren. Die entscheidende Voraussetzung dafür war, dass das Bildungssystem in der ersten Hälfte des 19. Jahrhunderts auf drei Säulen auf- und ausgebaut wurde.

- **Volksschulen:** Die allgemeine Schulpflicht wurde nach und nach eingeführt und durchgesetzt und die Lehrerausbildung verbessert, sodass die Alphabetisierungsquote deutlich anstieg (bei einem verbleibenden Stadt-Land-Gefälle).
- **Gymnasien:** Die Gymnasien waren einer kleinen Elite vorbehalten und konzentrierten sich auf eine umfassende humanistische Grundbildung, weniger eine berufsorientierte Ausbildung. Das Abitur wurde zur Voraussetzung für ein Studium.
- **Universitäten:** Die Universitäten folgten dem Grundsatz des freien Forschens und der allgemeinen Menschenbildung im Sinn von individueller Selbstbestimmung und eigenständigem Denken. Die Hochschulen brachten ein Bildungsbürgertum und eine intellektuelle Elite hervor (Beamte, Lehrer, Juristen, Theologen, Mediziner, Journalisten), die sich nicht länger bevormunden ließ, sondern sich im Bewusstsein ihrer geistigen Fähigkeiten selbstbewusst in die politische Diskussion einschaltete und sich für allgemeine Belange engagierte.

Mit der Verbreitung und Verbesserung der Bildung erschien ein neuer Machtfaktor auf der Bildfläche, der den herrschenden Gruppen zusehends zu schaffen machte, die **Öffentlichkeit.** Systemkritik und Reformwünsche blieben nun nicht mehr im Verborgenen und vereinzelt, sondern wurden trotz Zensur in zahlreichen Zeitschriften thematisiert sowie in Vereinen und Diskussionszirkeln erörtert.

- **Publizistik:** Nach zögernden Anfängen kam ab den 1830er-Jahren eine wachsende Reihe von liberalen und oppositionellen Blättern heraus, die in ständiger Auseinandersetzung mit der Zensur Wissen und kritische Meinungen verbreiteten. Rasch gedruckte Flugblätter spornten die Menschen zu politischen Aktivitäten an. Es war nur natürlich, dass freie Meinungsäußerung und Abschaffung der Zensur zu den zentralen Forderungen der liberalen Presse gehörten.
- **Vereinswesen und bürgerliche Kultur:** Die im Vormärz wie Pilze aus dem Boden schießenden Vereine waren typische Organisationsformen des Bürgertums. Kennzeichnend waren ein freiwilliger Zusammenschluss und gemeinsame Interessen. Da politische Vereine verboten waren, konzentrierte sich das Vereinsleben neben der Vertretung gemeinsamer Wirtschaftsinteressen vor allem auf Geselligkeit, karitative Aktivitäten, Bildung (Natur- und Heimatkunde, Geschichte), Kunst, Musik und Turnen. Im Unterschied zur bisher tonangebenden höfischen Kultur entwickelte sich nun eine spezifisch bürgerliche Kultur. Außerdem leisteten die Vereine einen wichtigen Beitrag zur **Politisierung** ihrer Mitglieder. Durch Mitgliederversammlungen, Wahlen, Selbstorganisation, Übernahme von Verantwortung usw. übte man politisches Verhalten ein. Der Übergang zum politischen Engagement war (vor allem auf kommunaler Ebene) fließend. Eine effektive Kontrolle des Vereinslebens durch die Obrigkeit war kaum möglich.

2.3.4 Politische Ideen und Lager

Im Vormärz entwickelten sich allmählich verschiedene politische Lager mit unterschiedlichen Trägergruppen, ideologischen Ausrichtungen und politischen Zielen. Zunächst noch gar nicht oder kaum organisiert, verdichteten sich diese Gruppierungen in der zweiten Hälfte des 19. Jahrhunderts zu einem relativ stabilen Parteiensystem, das die politische Landschaft in Deutschland bis weit ins 20. Jahrhundert hinein prägen sollte. Dazu gehörte auch die organisierte Arbeiterbewegung, deren Anfänge ebenfalls in dieser Zeit lagen (vgl. dazu Kap. 3.3.2).

Liberalismus

Die eigentliche Heimat des Liberalismus war die schmale Elite des **Bildungsbürgertums**. Hinzu kamen mit der raschen Verbreitung der Industriewirtschaft ab den 1830er-Jahren Vertreter eines selbstbewussten **Wirtschaftsbürgertums.** Aber auch der **städtische Mittelstand,** kleine Händler und Gewerbetreibende, machte sich liberale Ideen zu eigen und verschaffte der liberalen Bewegung eine breitere Basis, was sich besonders bei den Wahlen zu den Landtagen bemerkbar machte. In vielen Kammern stellten liberale Abgeordnete die Mehrheit. Im Allgemeinen lehnten die Vertreter des Liberalismus in dieser Zeit das Prinzip der Volkssouveränität ab; vielmehr sollte eine durch Bildung oder Besitz ausgewiesene Elite das Volk repräsentieren (Zensuswahlrecht). Die Liberalen sahen sich an der Spitze eines unaufhaltsamen Fortschritts und als die wahren Vertreter der Nation. Ihre in der Aufklärung wurzelnde Weltanschauung lässt sich in folgenden Punkten zusammenfassen:

- Im Zentrum stehen die **Freiheit des Individuums** und sein Schutz vor staatlicher Willkür.
- Politisch fordern die Liberalen einen repräsentativen **Verfassungsstaat** mit einer Garantie der Menschen- und Bürgerrechte, mit Gewaltenteilung und Volksvertretung (Parlament).
- Hauptaufgabe des Staates ist nach liberaler Ansicht die Gewährleistung von **Rechtssicherheit** (Gleichheit vor dem Gesetz) für die Bürger; aus dem Privatleben, aus den politischen oder religiösen Überzeugungen der Einzelnen und aus dem Wirtschaftsleben soll er sich heraushalten **(Nachtwächterstaat).**

Demokratiebewegung

Auf dem linken Flügel des Liberalismus stand die zunächst winzig kleine Demokratiebewegung. Eine klare Trennung gab es nicht. Auch die Trägergruppen waren die gleichen. Die Demokraten verschärften und radikalisierten die liberalen Forderungen und gingen in entscheidenden Punkten über sie hinaus.

- **Primat der Volkssouveränität:** Die Maxime „Alle Macht geht vom Volke aus" war die Basis der demokratischen Überzeugung.
- **Republik als Staatsform:** Die Demokraten lehnten jede Art von Monarchie, auch die konstitutionelle Monarchie, als im Widerspruch zur Volkssouveränität stehend ab. Sie strebten eine starke Republik mit einem vom Volk gewählten Präsidenten an der Spitze an.
- **Parlament als Volksvertretung und Inhaber der Staatsgewalt:** Das Parlament als Repräsentant des Volkes sollte nicht nur als Legislative fungieren, sondern auch Regierung und Exekutive durch Wahl bestimmen und kontrollieren. Die Regierung sollte dem Parlament verantwortlich sein.
- **Einkammersystem:** Der unteilbare Wille des Volkes sollte sich auch nur in einer Kammer repräsentieren; eine privilegierte zweite Kammer sollte es nicht geben.
- **Allgemeines und gleiches Wahlrecht:** Auch das Zensuswahlrecht ließ sich nach demokratischer Überzeugung nicht mit der Volkssouveränität vereinbaren; stattdessen forderte man ein uneingeschränktes Männerwahlrecht.

- **Einheitsstaat:** Die Demokraten lehnten das föderalistische Prinzip mit seinen verschiedenen Einzelstaaten ab und plädierten für einen zentralistisch organisierten Einheitsstaat mit einer zentralen Staatsgewalt.
- **Soziale Forderungen:** Der stärker egalitäre Ansatz der Demokraten schloss die Aufnahme sozialer Forderungen in das politische Programm ein, z.B. gleiche Bildungschancen, gerechtere Besteuerung (progressive Einkommensteuer) und einen noch nicht konkreter durchdachten Ausgleich zwischen Kapital und Arbeit.

Konservativismus

In der Auseinandersetzung mit der Französischen Revolution, mit Liberalismus und Demokratiebewegung artikulierte sich der Konservativismus als eigenständige politische Ideologie. Seine zunächst noch recht schmale, aber recht einflussreiche soziale Basis war der **altständische Adel,** der seine überkommenen Privilegien und seine soziale Stellung gegen liberale Forderungen von unten, aber auch gegen absolutistisch-bürokratische Staatseingriffe von oben zu verteidigen versuchte. In der zweiten Hälfte des 19. Jahrhunderts konnte der Konservativismus bei der Landbevölkerung, aber auch bei Teilen des städtischen Mittelstands weitere Anhänger gewinnen.

Die entscheidenden Merkmale des Konservativismus waren:

- die **Ablehnung der Aufklärung** mit ihrem optimistischen Menschenbild und ihrer Überzeugung von einer vernunftgemäßen Steuerbarkeit und Veränderbarkeit der menschlichen Verhältnisse;
- die Überzeugung einer von **Gott gegebenen irdischen Ordnung,** gegen die man sich nicht auflehnen dürfe;
- das Festhalten am **monarchischen Prinzip** (Gottesgnadentum, Legitimität);
- Kontrolle des Staates durch die adligen Stände, **Ablehnung des Absolutismus;**
- **Ablehnung einer nationalen Einigung** als im Widerspruch zu Tradition und herrscherlicher Legitimität stehend.

Politischer Katholizismus

Mit dem Reichsdeputationshauptschluss hatte die katholische Kirche ihre weltliche Machtstellung verloren. Außerdem wurde sie durch das Aufkommen der modernen Industriegesellschaft bedroht. Vor diesem Hintergrund entstand in der ersten Hälfte des 19. Jahrhunderts eine **katholische Erneuerungsbewegung,** die sich an den übernationalen Wurzeln der römisch-katholischen Kirche orientierte und das Kirchenvolk gegen den in weiten Teilen des Deutschen Bunds protestantisch dominierten Staat und eine allgemeine Verweltlichung zu mobilisieren trachtete. Die Hauptmerkmale der katholischen Weltanschauung waren:

- **Ablehnung des** in Protestantismus, Aufklärung und Liberalismus vorherrschenden **Individualismus;**
- **theozentrische und hierarchische Staats- und Gesellschaftslehre** (Gottesgnadentum des Herrschers, bestehendes Gesellschaftssystem als göttliche Schöpfungsordnung);
- **Gegnerschaft** zur modernen Gesellschaft;
- Entwicklung einer **christlich-patriarchalischen Soziallehre** zur Bekämpfung von Missständen der modernen kapitalistischen Industriegesellschaft einerseits und von kommunistisch-gottlosen „Irrlehren" andererseits.

2.4 Die Revolution von 1848/49

Trotz aller Unterdrückung blieb der Wunsch nach einem deutschen Nationalstaat mit einer Verfassung lebendig. Aus zwei Gründen schöpfte die liberale Nationalbewegung ab Mitte der 1830er-Jahre neue Hoffnung:

- 1834 gründeten viele deutsche Staaten unter Führung Preußens den **Deutschen Zollverein** (vgl. Kap. 3.2). Sie beseitigten ihre zwischenstaatlichen Zollgrenzen und folgten damit der Forderung von Kaufleuten und Unternehmern, deren Aktivitäten unter den zahlreichen deutschen Binnenzöllen und Handelsschranken litten. Dieser wirtschaftliche Zusammenschluss schien ein wichtiges Vorzeichen für eine künftige Einheit Deutschlands.
- Der neue preußische König Friedrich Wilhelm IV. (1795–1861) zeigte sich bei seinem Regierungsantritt 1840 zunächst **reformbereit.** Einige der inhaftierten Patrioten wurden freigelassen, entlassene Göttinger Professoren rehabilitiert. Die politischen Fronten schienen sich zu lockern und die Handlungsspielräume der Reformbewegung größer zu werden.

Doch bald wendete sich das Blatt wieder. Die hoffnungsvollen Träume der deutschen Nationalbewegung zerplatzten. Dazu kamen schwere soziale Krisen, die den Unmut vor allem bei der armen Bevölkerung schürten. In der zweiten Hälfte der 1840er-Jahre spitzte sich die Lage so weit zu, dass eine Revolution ausbrach.

2.4.1 Ursachen, Hintergründe und Auslöser der Revolution

Ab Mitte der 1840er-Jahre entzündeten sich zuspitzende politische, soziale und wirtschaftliche Probleme schließlich den Funken der Revolution.

Verfassungsverweigerung in Preußen: In Preußen war König Friedrich Wilhelm IV. nicht bereit, eine Verfassung zuzulassen. Im Gegenteil – liberale Kritiker wie der Königsberger Arzt Johann Jacoby (1805–77) oder der ostpreußische Oberpräsident Theodor von Schön (1773–1856) wurden zu Festungshaft verurteilt bzw. ihres Amtes enthoben. Das 1847 gewährte Zugeständnis eines Vereinigten Landtags aus Ständevertretern der Provinzen war faktisch nichts wert, denn als das Gremium mehr politische Mitspracherechte forderte, löste es der König umgehend wieder auf. Bereits bei der Eröffnung des Landtags am 11.4.1847 hatte er seine Meinung unmissverständlich kundgetan:

Es drängt mich zu einer feierlichen Erklärung: dass es keiner Macht der Erde jemals gelingen soll, Mich zu bewegen, das natürliche, gerade bei uns durch seine innere Wahrheit so mächtig machende Verhältnis zwischen Fürst und Volk in ein konventionelles, konstitutionelles zu wandeln, und dass ich es nun und nimmermehr zugeben werde, dass sich zwischen unseren Herr Gott im Himmel und dieses Land ein beschriebenes Blatt gleichsam als zweite Vorsehung eindränge, um uns mit seinen Paragraphen zu regieren und durch sie die alte, heilige Treue zu ersetzen.

Agrarkrise: 1846/47 ließen mehrere Missernten die Lebensmittelpreise drastisch steigen und führten zu Hungerkrawallen, Streiks und Massenversammlungen.

Krise des Handwerks und des Heimgewerbes: Die Einführung der Gewerbefreiheit und die rasch zunehmende Industrialisierung stürzten das Handwerk und die vorindustrielle Heimindustrie in eine dramatische Notlage, die durch Teuerung der Lebensmittel noch verschärft wurde. Verzweifelte Arbeiter zerstörten Maschinen und stürmten Fabrikantenvillen. Weites Aufsehen erregte 1844 der **Weberaufstand in Schlesien,** dem verschiedene Schriftsteller ein literarisches Denkmal gesetzt haben. Bereits 1834 hatte der 20-jährige Medizinstudent Georg Büchner (1813–37) in seinem „Hessischen Landboten" die soziale Misere angeprangert:

Friede den Hütten! Krieg den Palästen! Das Leben der Vornehmen ist ein langer Sonntag, sie wohnen in schönen Häusern, sie tragen zierliche Kleider, sie haben feiste Gesichter und reden eine eigne Sprache; das Volk aber liegt vor ihnen wie Dünger auf dem Acker. […] In Ordnung leben heißt hungern und geschunden werden.

Industrie- und Bankenkrise: Die sinkende Kaufkraft der Bevölkerung führte 1847/48 zu einer Rezession mit Produktionsrückgängen, Entlassungen und Lohnkürzungen. Dazu kam eine von London und New York ausgehende Banken- und Börsenkrise. Bankenzusammenbrüche und Firmenbankrotte waren die Folge.

Gesamteuropäische Unruhen: In weiten Teilen Europas vermehrten sich die revolutionären Anzeichen. So scheiterte 1846 ein Aufstandsversuch der Polen in Galizien und Posen, brach 1847 der Schweizer Sonderbundskrieg zwischen protestantisch-liberalen und katholisch-konservativen Kantonen aus, flackerten in Italien erneut nationale Unruhen auf, stieß der Versuch des dänischen Königs in Schleswig und Holstein, durch eine umstrittene Erbfolgeregelung Schleswig stärker an Dänemark zu binden, auf vehementen Widerstand der deutschen Bevölkerungsteile.

Februarrevolution in Frankreich als Auslöser: Im Februar 1848 brach in Paris ein von Bürgern, Handwerkern und Arbeitern getragener Aufstand gegen den zunehmend reaktionärer regierenden König Louis Philippe aus. Nach Straßen- und Barrikadenkämpfen musste er abdanken und die Republik wurde ausgerufen.

2.4.2 Ausbruch, Forderungen und Schauplätze der Revolution

Anfang März sprang der aus Frankreich kommende revolutionäre Funke auch auf Deutschland über und löste eine Kettenreaktion in den deutschen Einzelstaaten aus. Neben den blutigen Aufständen in den Zentren Wien und Berlin gab es heftige Unruhen in den Hauptstädten der deutschen Mittel- und Kleinstaaten. Zudem rebellierte die Not leidende Landbevölkerung. Die vor allem vom Bürgertum formulierten gemeinsamen **Hauptforderungen der Revolution (Märzforderungen)** waren:

- Bildung eines deutschen Nationalstaats;
- Verfassung und Volksvertretung für Deutschland und für die Einzelstaaten, die noch keine Verfassung hatten (z. B. Preußen);
- Verantwortlichkeit der Regierung gegenüber dem Parlament;
- Pressefreiheit, Versammlungsfreiheit;
- Einrichtung einer Bürgerwehr und Volksbewaffnung;
- Einrichtung von Schwurgerichten nach englischem Vorbild und
- Abschaffung von noch vorhandenen Feudalrechten auf dem Land.

Blutige Kämpfe in Wien

Am blutigsten verliefen die Ereignisse in Wien. Fabrikarbeiter, Gesellen und Arbeitslose aus den Vorstädten sowie Studenten, kleine Beamte, Handwerker und Kaufleute zwangen nach erbitterten Kämpfen die Regierung zum Rücktritt und Metternich zur Flucht. Schließlich erklärte sich der Kaiser bereit, liberale **Freiheitsrechte** einzuräumen und Wahlen zu einem **verfassunggebenden Reichstag** zuzulassen. Außerdem billigte er die Aufstellung zweier bewaffneter Verbände, der bürgerlichen Nationalgarde und der studentischen Akademischen Legion. Für die nächsten drei Monate übernahm ein revolutionärer Sicherheitsausschuss in Wien das Regiment. Doch auch nach der Wahl eines gesamtösterreichischen Reichstags im Juli 1848 rebellierten die proletarischen Massen Wiens weiter, da das neu gewählte Parlament einen gemäßigten Kurs steuerte. Der Nationalgarde gelang es Ende August, die Aufstände gewaltsam niederzuschlagen. Damit hatten die Gemäßigten zwar die radikalen Kräfte aus den Vorstädten gebändigt, aber gleichzeitig wichtige Hilfskräfte im Kampf gegen die Konservativen verloren.

Chronologie	Stationen der Revolution von 1848/49
März 1848	Bewaffnete Aufstände bzw. Protestversammlungen in Wien und Berlin sowie in allen deutschen Mittel- und Kleinstaaten erzwingen Verfassungsversprechen und liberale „Märzregierungen“.
April 1848	Ein radikalrepublikanischer Aufstand in Baden wird niedergeschlagen.
18.5.1848	Die erste deutsche Nationalversammlung in der Frankfurter Paulskirche wird eröffnet.
Sept./Okt. 1848	Erneute revolutionäre Unruhen in Berlin, Sachsen, Thüringen, Baden und im Rheinland; kaiserliche Truppen erobern Wien zurück.
5.12.1848	Der König löst die preußische Nationalversammlung auf und zwingt eine Verfassung „von oben“ auf.
28.3.1849	Die Nationalversammlung verabschiedet die kleindeutsche Reichsverfassung.
3.4.1848	König Friedrich Wilhelm IV. lehnt die deutsche Kaiserkrone ab.
Mai/Juli 1849	Preußische Truppen schlagen Aufstände zugunsten der neuen Verfassung in Sachsen, West- und Südwestdeutschland nieder, das nach Stuttgart ausgewichene Restparlament wird gewaltsam aufgelöst.

Die Revolution in Berlin

In Berlin blieben die revolutionären Kämpfe im Wesentlichen auf den 18. und 19. März beschränkt. Nach zahlreichen Demonstrationen signalisierte König Friedrich Wilhelm IV. rasch Kompromissbereitschaft und verkündete die Aufhebung der Zensur und die Einberufung des Vereinigten Landtags. Als jedoch das Militär während einer Versammlung auf dem Schlossplatz Schüsse abgab, wurden Barrikaden errichtet und es kam zu heftigen **Straßenkämpfen,** die über 230 Todesopfer forderten, vor allem Handwerker und Arbeiter.

Der König gab wiederum nach: Am 19. März versprach er eine **Verfassung** und die **Wahl einer preußischen Nationalversammlung.** In einer Proklamation vom 21. März stellte er sich an die Spitze der deutschen Nation und übernahm demonstrativ die Farben der Revolution Schwarz-Rot-Gold:

Deutschland ist von innerer Gärung ergriffen und kann durch äußere Gefahr von mehr als einer Seite bedroht werden. Rettung aus dieser doppelten dringenden Gefahr kann nur aus der innigsten Vereinigung der deutschen Fürsten und Völker unter *einer* Leitung hervorgehen. Ich übernehme heute diese Leitung für die Tage der Gefahr. [...] Preußen geht fortan in Deutschland auf.

Ende März ernannte er eine neue, von den beiden rheinischen Liberalen Ludolf Camphausen (1803–90) und David Hansemann (1790–1864) geführte Regierung. Das nächste halbe Jahr verlief weitgehend ruhig. Die preußische Nationalversammlung, in der Demokraten und Linksliberale dominierten, verabschiedete im Juli 1848 einen liberaldemokratischen Verfassungsentwurf, die nach dem führenden Politiker der Versammlung Benedikt Franz Waldeck (1802–70) sogenannte **Charte Waldeck.**

Adolph von Menzel malte die „Aufbahrung der Märzgefallenen" 1848. Das Bild blieb unvollendet (Hamburg, Kunsthalle).

Drittes Deutschland

Noch vor den Ereignissen in Wien und Berlin konnte das Bürgertum in den ersten Märztagen in den anderen Bundesstaaten im Bündnis mit Arbeitern und Handwerkern meist unblutig einen Machtwechsel herbeiführen. Die erschreckten Fürsten gaben unter dem Eindruck von Volksversammlungen und Demonstrationen schnell nach und setzten liberale sog. **Märzregierungen** ein, die sich daran machten, die revolutionären Forderungen zu verwirklichen.

Eine Ausnahme stellte der **badische Aufstand** dar. Unter der Führung Friedrich Heckers (1811–81) und Gustav Struves (1805–70) bildete sich im April 1848 in Baden eine bewaffnete Freischar, die gewaltsam die Monarchie stürzen und von Südwestdeutschland aus eine deutsche Republik errichten wollte. Doch das Unternehmen scheiterte; Truppen des Deutschen Bunds schlugen den Aufstand nieder, Hecker und Struve flohen ins Exil.

Grundsätzlich ist festzuhalten, dass die Erfolge der Revolution durch eine bedeutsame Tatsache infrage gestellt wurden: In allen Bundesstaaten verblieben die entscheidenden Instrumente der staatlichen Macht, Militär, Justiz und Verwaltung, in den Händen der Fürsten. Kein Regent wurde verjagt, kein fürstliches Heer besiegt.

2

Biografie **Friedrich Hecker**

Der Jurist Friedrich Hecker wurde 1842 in die zweite badische Kammer gewählt, wo er schon bald durch sein Redetalent auffiel und zum Wortführer des radikaldemokratischen Flügels wurde. Er war führend am Offenburger Programm der Liberalen („Forderungen des Volkes") vom September 1847 beteiligt. Im März 1848 machte sich Hecker zusammen mit seinem Freund Gustav Struve für eine Republik stark. Nach dem Misserfolg des von ihm mitinitiierten badischen Aufstands, der als **Heckerzug** Berühmtheit erlangte, emigrierte er über die Schweiz in die USA, wo er eine Farm betrieb. Später engagierte er sich für die Abschaffung der Sklaverei und beteiligte sich als Oberst für die Union am Sezessionskrieg.

Aufstand auf dem Land

Auf dem Land rebellierten die Bauern vielerorts gegen die nach wie vor bestehenden feudalen Abhängigkeiten und die für sie negativen Folgeerscheinungen der Agrarreformen. Plünderungen, Brandstiftungen und Gewaltakte erschreckten Regierungen und Grundherren so sehr, dass sie die bäuerlichen Forderungen umgehend erfüllten. Die Bauern erhielten gegen Bezahlung das volle Eigentum an ihren Höfen, brauchten keine Dienste und Abgaben mehr zu leisten und auch die gutsherrliche Gerichtsbarkeit und das Jagdrecht wurden aufgehoben. Daraufhin gaben sich die Bauern zufrieden und zogen sich aus der Revolution zurück.

2.4.3 Nationalversammlung und Verfassungsentwurf

Der Weg zu einer gesamtdeutschen Nationalversammlung verlief in drei Stufen:

- Der inzwischen von liberalen Regierungen beschickte Bundestag in Frankfurt setzte Anfang März einen **Siebzehnerausschuss** zur Ausarbeitung eines Verfassungsentwurfs ein und beschloss Wahlen zu einer verfassunggebenden Nationalversammlung nach dem allgemeinen und gleichen Männerwahlrecht. Außerdem hob der Bundestag die Karlsbader Beschlüsse von 1819 auf (vgl. Kap. 2.3.1) und erklärte Schwarz-Rot-Gold zu den Bundesfarben.
- Parallel dazu initiierten südwestdeutsche Honoratioren ein gesamtdeutsches **Vorparlament,** das auch eine verfassunggebende Nationalversammlung vorbereiten sollte. Dieses Gremium trat vom 31.3. bis 3.4.1848 in Frankfurt zusammen. Es war allerdings nicht demokratisch legitimiert und nicht repräsentativ, sondern setzte sich aus von den Initiatoren berufenen Vertretern der Länderparlamente zusammen. Die dort vorherrschende **liberale Mehrheit** beschloss ebenfalls die Ausschreibung zur Wahl der Nationalversammlung. Den Plan der Demokraten um Gustav Struve und Friedrich Hecker, das Vorparlament in ein permanent tagendes revolutionäres Organ mit exekutiven Vollmachten umzuwandeln, lehnte sie ab.
- Die **Wahlen zur Nationalversammlung** fanden im Mai 1848 nach dem allgemeinen und gleichen Wahlrecht statt (Frauen sowie in vier Ländern auch Tagelöhner und Gesellen waren nicht wahlberechtigt); am 18. Mai wurde in der **Frankfurter Paulskirche** die Nationalversammlung eröffnet.

Zusammensetzung der Nationalversammlung

In der aus knapp 600 Abgeordneten bestehenden Nationalversammlung dominierte deutlich das Bildungsbürgertum; fast 80 % waren Akademiker. Es gab

- einen hohen Anteil an Juristen, Beamten und Freiberuflern, vor allem Professoren (Juristen, Germanisten, Historiker), Richter, Staatsanwälte, hohe Verwaltungsbeamte, Landräte, Geistliche, Anwälte, Ärzte, Journalisten;
- knapp zehn Prozent Vertreter aus dem Wirtschaftsbürgertum, vor allem Verleger, Kaufleute, Industrielle, Bankiers, Reeder;
- kaum Abgeordnete aus dem Handwerk oder der Bauernschaft;
- keinen Abgeordneten aus der Arbeiterschaft.

Im Verlauf der Sitzungen verfestigten sich allmählich die politischen Gruppierungen zu **Fraktionen,** die nach ihren Versammlungslokalen benannt wurden. Sie reichten von den gemäßigt Konservativen auf der Rechten über die breite, in sich differenzierte liberale Mitte bis hin zu den Demokraten auf der Linken (vgl. Kap. 2.3.4).

Eröffnung der deutschen Nationalversammlung in der Paulskirche in Frankfurt a. M. am 18. 5. 1848

Die geplante Reichsverfassung

Zunächst setzte die Nationalversammlung eine **provisorische Zentralgewalt** ein. Erzherzog Johann von Österreich (1782–1859) sollte als **Reichsverweser** das Haupt einer neuen nationalen Exekutive bilden. Diese provisorische Reichsregierung war jedoch faktisch machtlos und auf die Kooperation der Einzelstaaten angewiesen, da sie über keine eigene Verwaltung und keine militärischen Machtmittel verfügte.

Im Mittelpunkt der ersten Sitzungsphase der Nationalversammlung stand die Diskussion und Formulierung der **Grundrechte,** die Ende Dezember 1848 verabschiedet und veröffentlicht wurden. In der geplanten Verfassung wurden die klassischen individuellen Freiheits- und Eigentumsrechte verankert (u. a. Presse- und Meinungsfreiheit, Versammlungs- und Vereinsfreiheit, Religionsfreiheit, Freiheit von Lehre und Wissenschaft, Schutz vor willkürlicher Verhaftung, Abschaffung der Todesstrafe, Schutz des Eigentums, Gewerbe- und Niederlassungsfreiheit), die letzten feudalen Überbleibsel beseitigt, die Gleichheit aller Staatsbürger vor dem Gesetz garantiert und ein unabhängiges Justizsystem eingerichtet.

Mit der inneren Struktur der Reichsverfassung beschäftigte sich die Nationalversammlung erst ab Oktober 1848, zu einem Zeitpunkt, als sich die alten Mächte wieder gefestigt hatten und zur erfolgreichen Gegenrevolution ausholten (vgl. Kap.

2.4.4). In wichtigen Punkten herrschte weitgehendes Einvernehmen: Es sollte ein **föderatives System** mit einer Mischung aus zentral- und bundesstaatlichen Elementen entstehen, einem aus **zwei Kammern** bestehenden Parlament als Legislative und einem **konstitutionellen Monarchen** an der Spitze. Einige Fragen waren jedoch strittig und wurden kontrovers diskutiert.

Staatsgebiet und nationale Minderheiten

Die Grenzziehung des neu zu schaffenden deutschen Nationalstaats war nicht einfach, weil unter dem Regiment der Habsburger zahlreiche nicht deutsche Völker lebten, zudem der preußische König über nicht zum Deutschen Bund gehörende, zum Teil polnischsprachige Provinzen herrschte und im zu Dänemark gehörenden Schleswig eine große deutsche Bevölkerungsgruppe lebte.

- Zunächst beschloss die Nationalversammlung die Einverleibung der Provinzen Ost- und Westpreußen, Posen und Schleswig in das künftige Deutsche Reich.
- Als es zwischen Preußen und Dänemark wegen Schleswig zu einem bewaffneten Konflikt kam, unterstützte die Nationalversammlung Preußen. Damit orientierte sich die Mehrheit der Nationalversammlung mehr an imperialen Machtträumen, als dass sie die nationalen Rechte anderer Volksgruppen respektiere.

Basiswissen **Konflikt um Schleswig und Holstein**

Die Herzogtümer Schleswig und Holstein wurden seit alters her vom dänischen König regiert, wobei das überwiegend von Dänen besiedelte Schleswig zum dänischen Königreich, das fast ausschließlich deutsch besiedelte Holstein zum Deutschen Bund gehörte. Im Zuge des **aufkommenden Nationalismus** wurden die beiden Provinzen sowohl von dänischer als auch von deutscher Seite zur Gänze beansprucht. Im März 1848 eskalierte der Konflikt, als in Kiel eine provisorische Regierung gebildet wurde, die die **Aufnahme Schleswigs und Holsteins in den Deutschen Bund forderte.** Zu ihrem Schutz marschierten preußische Truppen ein. Auch die Nationalversammlung in der Paulskirche unterstützte die nationale Erhebung. Doch auf Druck Großbritanniens und Russlands mussten sich die preußischen Truppen zurückziehen. Die Mehrheit der Abgeordneten der Nationalversammlung, die über keine militärische Macht verfügte, empfand diesen Rückzug als **schwere nationale Niederlage.**

Großdeutsch oder kleindeutsch

Die meisten Abgeordneten der Nationalversammlung waren sich darin einig, dass Österreich nicht mit allen seinen nicht deutschen Ländern zum künftigen Deutschen Reich gehören konnte.

- Zunächst favorisierte man die sog. **großdeutsche Lösung.** Sie sah eine Verbindung nur der deutschen und böhmischen Teile Österreichs mit dem Deutschen Reich vor; die übrigen Gebiete der Habsburger Monarchie sollten in Personalunion angegliedert werden. Dieser Plan, der die faktische Auflösung des österreichischen Großreichs bedeutet hätte, stieß in Wien auf heftigen Widerstand.
- Aber auch dem **kleindeutschen Kompromissvorschlag** des Versammlungspräsidenten Heinrich von Gagern (1799–1880), einen preußisch geführten engeren

Bund zu bilden und diesem Gesamtösterreich in einem weiteren Bund anzuschließen, erteilte Wien eine entschiedene Absage und berief seine Vertreter aus der Nationalversammlung ab.

- Daraufhin ließ das verbleibende Rumpfparlament die großdeutsche Lösung fallen und verabschiedete im März 1849 mit knapper Mehrheit die neue Reichsverfassung mit einer **kleindeutschen Grenzziehung** ohne Österreich. Damit war Preußen zur neuen Führungsmacht in Deutschland geworden.

Biografie **Heinrich von Gagern**

Der aus einem alten Adelsgeschlecht stammende von Gagern war Mitbegründer der Burschenschaften und trat 1821 in den Staatsdienst des Großherzogtums Hessen ein. 1833 musste er wegen seiner politischen Haltung sein Amt aufgeben. Ab 1832 war er Mitglied der zweiten Kammer des hessischen Landtags und 1848/49 Abgeordneter der Frankfurter Nationalversammlung, die ihn zu ihrem Präsidenten bestimmte. Politisch gehörte er zum gemäßigten, national orientierten Liberalismus. Er war maßgeblich an der Verfassungsarbeit beteiligt und wurde im Dezember 1848 zum Reichsministerpräsidenten bestellt. Als das Scheitern der Revolution offensichtlich wurde, legte von Gagern seine Ämter und sein Mandat als Abgeordneter nieder.

Staatsoberhaupt und Wahlrecht

- Unstrittig war, dass an der Spitze des Staates ein Kaiser stehen sollte. Die gemäßigten Abgeordnetengruppen favorisierten ein Erbkaisertum, um zumindest einen Rest des monarchischen Prinzips zu bewahren. Die Linken votierten für ein Wahlkaisertum, das noch am ehesten dem Grundsatz der Volkssouveränität entsprach.
- Hinsichtlich des Wahlrechts favorisierte die demokratische Linke ein allgemeines Männerwahlrecht, die liberale Mitte ein nach Besitz gestuftes Zensuswahlrecht.
- Am Ende der Verfassungsdiskussion stand ein Kompromiss: Die Liberalen akzeptierten das **allgemeine Wahlrecht,** die Linken das **Erbkaisertum.**

Die neue Verfassung trat jedoch nicht in Kraft, da inzwischen die Gegenrevolution fast überall gesiegt hatte und die wichtigsten deutschen Staaten sich weigerten, das Verfassungswerk zu akzeptieren. Schließlich lehnte auch der preußische König Friedrich Wilhelm IV. die ihm angebotene **deutsche Kaiserkrone** ab. Bereits im Dezember 1848 hatte er in einem Brief unmissverständlich seine Haltung offenbart:

Ich will weder der Fürsten Zustimmung zu der Wahl noch die Krone. [...] Die Krone, die ein Hohenzoller nehmen dürfte, ist [...] eine, die den Stempel Gottes trägt. [...] Die [Krone] aber, die Sie leider meinen, verunehrt überschwänglich mit ihrem Ludergeruch der Revolution von 1848, der albernsten, dümmsten, schlechtesten [...] dieses Jahrhunderts: Einen solchen imaginären Reif, aus Dreck und Letten [Lehm] gebacken, soll ein legitimer König von Gottes Gnaden und gar der König von Preußen sich geben lassen [...]?

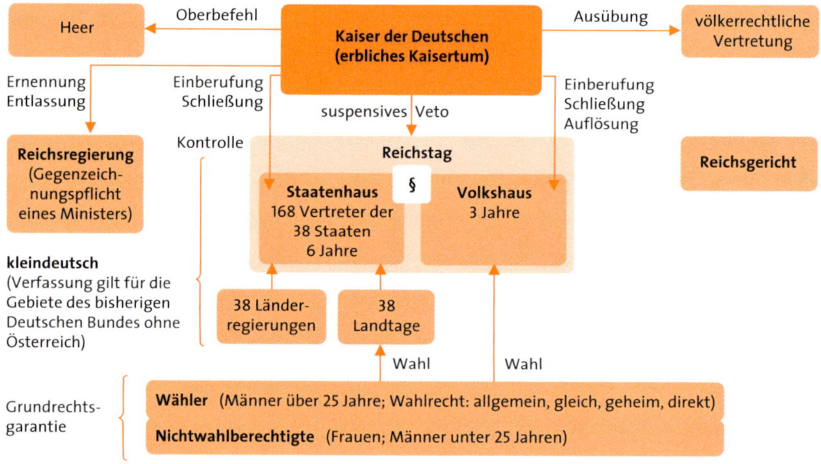

Verfassungsentwurf der deutschen Nationalversammlung vom März 1849

2.4.4 Das Scheitern der Revolution

Dass die Revolutionäre nach den schnell und leicht errungenen Anfangserfolgen im Frühjahr 1848 ein Jahr später doch noch scheiterten, lag zum einen und vor allen Dingen an ihrer **mangelnden Konsequenz und Uneinigkeit,** zum anderen spielten aber auch die **europäischen Rahmenbedingungen** eine gewisse Rolle.

- Die Mehrheitsgruppe der gemäßigten Liberalen war bereit, sich mit den alten Mächten zu arrangieren und Kompromisse zu schließen. Sie favorisierten aus Furcht vor einer Herrschaft der Straße und der Gefährdung des bürgerlichen Eigentums den Weg friedlicher Reformen statt einer radikalen Revolution. Daher lehnten sie die Forderungen der linken Demokraten und Republikaner ab, die Volkssouveränität konsequent zu verwirklichen und die Fürsten und alten Eliten durch die frühzeitige Übernahme der Exekutive und der Polizeigewalt sowie die Eingliederung des Militärs in eine allgemeine Bürgermiliz aus allen waffenfähigen Männern zu entmachten.
- Vor allem der erzkonservative Zarenhof in Russland beobachtete das Entstehen einer aus der Revolution geborenen neuen Großmacht in Europa mit Argwohn. Man befürchtete einen Einflussverlust und die Gefahr nationalrevolutionärer Aufstände gegen die Großmacht im Osten. Daher half russisches Militär bei der Niederwerfung des ungarischen Aufstands gegen Österreich, außerdem schien 1849 eine bewaffnete russische Intervention in Deutschland nicht ausgeschlossen, falls Preußen nicht die letzten Herde der Revolution in der Pfalz und in Baden energisch ersticken sollte. Auch Frankreich, das die Wiedererringung der Hegemonie in Europa anstrebte, war nicht an einem Großdeutschland gelegen und förderte darum die nationalen Wünsche in Polen, Italien und Ungarn. Großbritannien dagegen hätte ein liberales deutsches Gegengewicht gegen Russland und den Erzfeind Frankreich durchaus akzeptiert.

Sieg der Gegenrevolution in Wien

- In Österreich blieb die Lage unruhig. Besondere Probleme bereitete Ungarn, wo Freiheitskämpfer nicht nur für liberale Reformen, sondern auch für die Unabhängigkeit des Landes auf die Barrikaden gingen. Als die österreichische Regierung im Oktober 1848 Truppen gegen Ungarn in Marsch setzen wollte, kam es zur **Meuterei.** Aufständische Soldaten erstürmten das Kriegsministerium und ermordeten den Kriegsminister. Daraufhin erhoben sich auch Arbeiter, Handwerker und einige Intellektuelle und brachten die Stadt kurzfristig in ihre Gewalt.
- Doch mit einem harten Gegenschlag erstickte die kaiserliche Armee den Volksaufstand. Der ab Juli 1848 tagende österreichische Reichstag setzte zwar noch einige Zeit seine Verfassungsberatungen fort, doch eine neue reaktionäre Regierung unter Fürst Felix zu Schwarzenberg (1800–52) und dem erst 18-jährigen Kaiser Franz Joseph (1830–1916) löste ihn im März 1849 auf. Sie erließ eine (bereits 1851 wieder aufgehobene) Verfassung, die die **Unteilbarkeit des Habsburgerreichs** festschrieb und damit alle großdeutschen Pläne beendete. Nach der Niederlage der Revolution lebte in Wien der reaktionäre Absolutismus wieder auf.

Das Ende der Revolution in Berlin

- In Berlin verlief die Entwicklung ähnlich, aber weniger gewaltsam. Die preußische Nationalversammlung, in der die Linken dominierten, steuerte einen radikaleren, die alten Eliten ernsthafter bedrohenden Kurs als die gesamtdeutsche Nationalversammlung. Im Herbst 1848 kam es wegen zunehmender Unruhen und Demonstrationen zum Konflikt mit dem König, der nun die Gelegenheit zum konservativen Gegenschlag ergriff. Er befahl die Verlegung des Parlaments nach Brandenburg, ließ Militär in Berlin einmarschieren, den **Belagerungszustand** verhängen und schließlich am 5.12.1848 das Parlament auflösen. Die Bevölkerung verhielt sich meist passiv und das Militär konnte sich weitgehend unblutig durchsetzen.
- Umgehend erließ Friedrich Wilhelm IV. eine Verfassung, die immerhin wesentliche Elemente des für Preußen geplanten liberalen Verfassungsentwurfs der Charte Waldeck enthielt, u.a. bürgerliche Grundrechte, allgemeines Männerwahlrecht, Ministerverantwortlichkeit, Vereidigung der Armee auf die Verfassung. Jedoch ließ er binnen eines guten Jahres diese Verfassung durch eine neue ersetzen, die die Regierung der Kontrolle des Parlaments entzog, die Exekutivgewalt des Königs stärkte und das bis 1918 gültige **Dreiklassenwahlrecht** einführte.

Reichsverfassungskampagne und Ende der Revolution

- Nach der Ablehnung der geplanten Verfassung war die Nationalversammlung faktisch am Ende. Sie appellierte zwar noch einmal an Regierungen, Parlamente, Gemeinden und das ganze deutsche Volk, für die Reichsverfassung einzutreten, doch ohne durchschlagenden Erfolg. Viele Staaten zogen ihre Abgeordneten aus der Nationalversammlung zurück, sodass nur noch ein **Rumpfparlament** mit linker Mehrheit übrig blieb. Das verlegte am 30.5.1849 seinen Sitz nach Stuttgart. Doch schon knapp drei Wochen später lösten württembergische Dragoner den letzten Rest der ersten deutschen Nationalvertretung gewaltsam auf. Die Abgeordneten wurden des Landes verwiesen.

- Zum Initiator eines letzten Versuchs zur Rettung der Revolution und des Verfassungswerks wurde der bereits im November 1848 von Demokraten und Republikanern unter dem Eindruck der gegenrevolutionären Erfolge in Wien und Berlin gegründete **Zentralmärzverein.** Dieser rief Anfang Mai 1849 eine **Reichsverfassungskampagne** ins Leben, um die Paulskirchenverfassung doch noch durchzusetzen. Darauf erhoben sich Handwerker, Kleinbürger, Arbeiter und Intellektuelle in Sachsen, Westfalen, im Rheinland und vor allem in Baden und der Pfalz zu radikaldemokratisch-republikanischen und zum Teil sozialrevolutionären Aufständen, die von Mai bis Juli 1849 andauerten. In Baden ging sogar die Mehrheit der großherzoglichen Soldaten zu den Aufständischen über. Die Landbevölkerung und das Besitzbürgertum dagegen hielten sich abseits.
- Doch die Kräfte der Aufständischen waren dem energischen Eingreifen der preußischen Truppen nicht gewachsen. Am 23.7.1849 **kapitulierten** die letzten 6000 Rebellen in der badischen Festung Rastatt. Mit Standgerichten, Hochverratsprozessen, Hinrichtungen und Zuchthausstrafen erstickten die Sieger rücksichtslos das Feuer des Aufruhrs. Zu Tausenden flohen die Revolutionäre ins Exil. Lange Jahre herrschte ein Klima von Angst, Unterdrückung und heimlicher Erbitterung.

Sieg der alten Mächte

Mit dem Sieg über die Revolution festigten sich die vorrevolutionären Herrschaftsstrukturen und die Position der alten Machteliten wieder. 1850 wurde der **Deutsche Bund** erneuert und fast überall wurden wesentliche Errungenschaften von 1848 wieder rückgängig gemacht.

Und doch ließ sich das Rad der Zeit nicht mehr zurückdrehen. Die Epoche der Restauration war beendet, die Hauptelemente des alten Feudalsystems waren unwiderruflich beseitigt. Aus dem absolut regierten Preußen war ein Verfassungsstaat geworden. Der Aufstieg des Bürgertums und die Entwicklung einer nationalen Öffentlichkeit waren auf die Dauer nicht länger aufzuhalten.

Basiswissen | Bleibende Errungenschaften der Revolution

- Wesentliche Bestandteile der alten **Feudalordnung** blieben **beseitigt.**
- Die **konstitutionelle Regierungsform** hatte sich fast überall durchgesetzt.
- Die Hauptprivilegien des Adels blieben abgeschafft, es galt weitgehend die **staatsbürgerliche Gleichheit** aller Bürger.
- Wichtige **Freiheitsrechte** blieben erhalten, z. B. Religionsfreiheit, Pressefreiheit, Freiheit der wirtschaftlichen Betätigung.
- Das **Rechtssystem** wurde durch öffentliche Verhandlungen und Geschworenengerichte transparenter und humaner.

3
Industrialisierung und soziale Frage

Etwa in der Mitte des 18. Jahrhunderts begann in Großbritannien eine Entwicklung, die die jahrhundertelang üblichen Formen des Arbeitens und Wirtschaftens und die damit verbundenen Lebensbedingungen der Menschen grundlegend veränderte. Das geschah nicht von heute auf morgen, nicht überall und nicht immer gleichzeitig. Doch im Verlauf des 19. Jahrhunderts gewann dieser meist als **Industrielle Revolution** bezeichnete Prozess in großen Teilen Europas und der USA an Expansionskraft, Intensität und Dynamik und breitete sich schließlich im 20. Jahrhundert fast über die ganze Welt aus. Im Lauf von rund hundertfünfzig Jahren wandelte sich die durch traditionelle Landwirtschaft und altes Handwerk bestimmte Arbeits- und Lebenswelt zur modernen **Industriegesellschaft.** Die Industrielle Revolution zeichnete sich durch folgende wesentliche Merkmale aus:

- Entwicklung und Verbreitung von Arbeits- und Energieerzeugungsmaschinen,
- intensive Erschließung und Nutzung der Rohstoffe Kohle und Eisen,
- neue Formen der Arbeitsorganisation durch starke Arbeitsteilung und Massenproduktion in Fabriken,
- gewaltige Zunahme der freien Lohnarbeit,
- als Resultat eine enorme Steigerung der Produktivität und ein rasantes Wirtschaftswachstum und damit verbunden
- große Bevölkerungsverschiebungen (Landflucht, Verstädterung).

Der **Übergang** von der **traditionellen Produktionsweise** zur **Industrieproduktion** war an verschiedene Voraussetzungen geknüpft:

- Vorhandensein von genügend Rohstoffen, vor allem von Kohle und Eisenerz,
- keine Produktionsbeschränkungen und Regulierungen durch Zünfte oder Ähnliches (Gewerbefreiheit),
- technische Neuerungen zur Verwirklichung von Massenproduktion,
- freie und für alle zugängliche Märkte,
- ein freies Reservoir von Arbeitskräften,
- Verfügbarkeit von Kapital für die Investitionen in Maschinen und Fabriken.

Die wirtschaftlichen Umwälzungen der Industrialisierung waren aber auch von zahlreichen Krisen und schmerzhaften Belastungen begleitet, unter denen insbesondere die arbeitenden Menschen und ihre Familien zu leiden hatten. Die sog. **soziale Frage** war untrennbar mit der Industrialisierung verbunden: Mit diesem Begriff bezeichneten die Zeitgenossen das Problem des besonders in der Anfangsphase der Industrialisierung auftretenden Massenelends vor allem der Arbeiterklasse und gleichzeitig die Versuche, dieses Problem zu lösen.

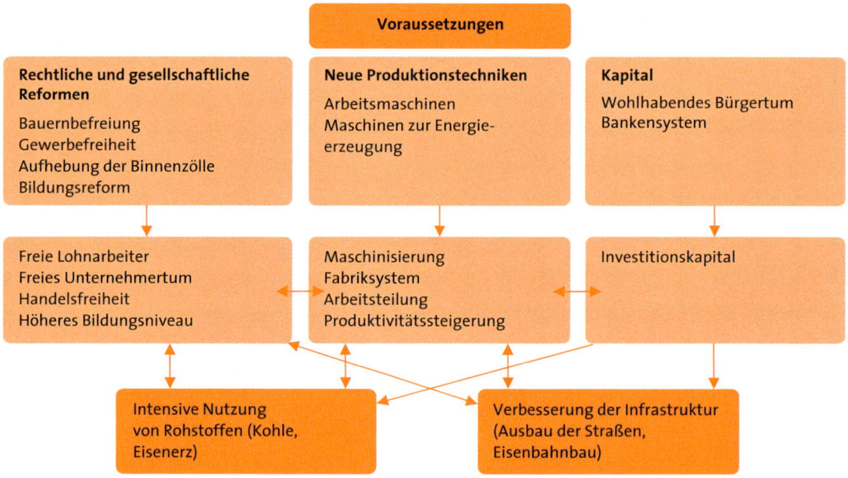

Bedingungsfaktoren der Industriellen Revolution und ihre Wechselbeziehung (Interdependenz)

3.1 Großbritannien – das Mutterland der Industrie

Die Forscher sind sich darin einig, dass die Industriewirtschaft um 1750 in Großbritannien ihren Ursprung hatte. Warum das dort und nicht woanders geschah, lag an spezifischen Bedingungen und Umständen, die in dieser Form damals nur dort anzutreffen waren. Lange Zeit war Großbritannien der **Vorreiter des wirtschaftlichen Fortschritts** und die **Werkstatt der Welt.** Erst ab der Mitte des 19. Jahrhunderts traten mit den USA und Deutschland ernsthafte Konkurrenten auf den Plan und machten ihm diesen Rang streitig.

3.1.1 Voraussetzungen und Bedingungsfaktoren der Industrialisierung

Die entscheidenden Voraussetzungen für die Industrielle Revolution waren im 18. Jahrhundert in Großbritannien gegeben. Wichtig ist, dass diese nicht als lineare Abfolge von Ursache und Wirkung verstanden werden dürfen, sondern sich vielmehr die verschiedenen Faktoren wechselseitig beeinflusst haben. Folgende politischen und wirtschaftlichen Rahmenbedingungen waren grundlegend:

- In Großbritannien gab es damals keine Hemmnisse wie Leibeigenschaft, Schollengebundenheit oder Zunftzwang mehr. Dadurch bestand eine **hohe gesellschaftliche Mobilität.**
- Nach dem Ende des Bürgerkriegs Mitte des 17. Jahrhunderts und der Glorreichen Revolution von 1688 herrschte die meiste Zeit **innerer Frieden.** Die Habeas-Corpus-Akte von 1679, die den Einzelnen und seinen Besitz vor staatlicher Willkür schützte, sicherte das wirtschaftliche Engagement der Bürger.
- Großbritannien verfügte über einen **offenen Binnenmarkt** ohne hemmende Zollgrenzen und ein **effektives Transportsystem** (umfangreiches und engmaschiges

Fluss- und Kanalnetz, lebhafte Küstenschifffahrt), das im 19. Jahrhundert durch ein Eisenbahnnetz ergänzt wurde, von dem wiederum weitere Impulse zur Industrialisierung ausgingen.

- Die **Modernisierung der Landwirtschaft** (Zusammenlegung kleiner und verstreut liegender Felder sowie Erschließung bisher brachliegender Flächen und von Allmendeland durch Großgrundbesitzer, dadurch Möglichkeit rationellerer Produktionsmethoden durch Maschineneinsatz und Fruchtwechsel, Übergang von der Subsistenz- zur Marktwirtschaft) setzte Arbeitskräfte für die städtischen Fabriken frei.
- Zwischen 1750 und 1850 **verdreifachte sich die Bevölkerungszahl** Großbritanniens von sechs auf 18 Millionen. Neben der Verbesserung der Ernährungsgrundlage durch die Produktivitätssteigerung in der Landwirtschaft trug dazu auch eine effektivere Bekämpfung von Infektionskrankheiten und der hohen Kindersterblichkeit bei (stärkere Beachtung von Hygiene, ab 1796 allmähliche Einführung der Pockenschutzimpfung). Durch die Senkung der Sterberate wuchs die Bevölkerung bei etwa gleichbleibender Geburtenrate kontinuierlich. Nun drängten immer mehr Arbeitskräfte auf den Markt und suchten in den städtischen Industriezentren nach Beschäftigung. Dort nahm die Bevölkerung exorbitant zu. Manchester z. B. wuchs zwischen 1750 und 1850 von 20 000 auf 335 000 Einwohner an. Mit der Zunahme der städtischen Haushalte stieg auch der Bedarf an industriell hergestellten Konsumartikeln wie Textilien, Hausrat, Möbeln, Kohle als Brennmaterial usw.
- Durch den **Überseehandel** und die Ausbeutung der Kolonien waren in Großbritannien große Kapitalvermögen entstanden. Diese konnten gewinnversprechend in die junge Industrie investiert werden. Außerdem hatten die Briten optimalen Zugang zu den überseeischen **Rohstoffquellen** und verfügten über zusätzliche Absatzmärkte in den Kolonien (z. B. Nordamerika).
- Großbritannien besaß zudem ein gut entwickeltes **Bank- und Kreditwesen.** 1694 wurde die Bank of England gegründet. Damit konnte das für die Industrialisierung nötige Kapital zur Verfügung gestellt und flexibel mobilisiert werden.

Darüber hinaus konnte Großbritannien im Bereich der Textilherstellung und der Metallverarbeitung auf reiche Erfahrungen im **frühindustriellen Gewerbe (Protoindustrie)** zurückgreifen. Es gab Gewerbegebiete, wo meist in Heimarbeit und organisiert im Verlagssystem Textilien (Spinnen und Weben von Wolle, Flachs, Leinen und Baumwolle) und Metallwaren (Scheren, Messer, Feilen, Schlüssel usw.) produziert wurden. Ein Historiker beschreibt die Situation im sog. Black Country nördlich und westlich von Birmingham Anfang des 18. Jahrhunderts und zitiert dabei Beobachtungen des zeitgenössischen Schriftstellers Daniel Defoe (1660–1731):

Es gab Bergwerke, Glashütten, Kalköfen, Ziegeleien und Malzdarren im Überfluss. Aber der Ruhm der Gegend gründete sich auf die Hersteller jeder Art von Eisen-, Kupfer- und Messingwaren. „Wohin wir auch reisen, nirgendwo können wir dem Klang des Nagelhammers entrinnen." „Jede Farm", schrieb Defoe, „hat eine Schmiede oder mehrere. So können die Bauern zwei ganz verschiedene Berufe ausüben; wenn sie nicht auf den Feldern beschäftigt sind, arbeiten sie als Schmiede. Und alle Waren, die sie herstellen, bringen sie auf den Markt, wo sie die Großhändler kaufen und nach London schicken."

Ähnliche Protoindustrien gab es auch in anderen Teilen Europas (Flandern, Rheinland, Westfalen, Schlesien, Gebiet um Lyon), doch nicht überall wurden sie zur Grundlage weiterer Industrialisierung. Aber häufig bildeten sie eine Quelle für die Entwicklung der industriellen Fabrikproduktion.

Basiswissen **Verlagssystem**

Das im 15. Jahrhundert aufkommende Verlagssystem (von „vorlegen, auslegen") basierte auf der **Trennung** des **Einkaufs** der Rohstoffe und des **Verkaufs** der Fertigprodukte von der eigentlichen **Herstellung:** Ein Unternehmer bzw. Verleger (meist ein wohlhabender Kaufmann, der nach lukrativen Anlagemöglichkeiten suchte) stellte Handwerkern oder Heimarbeitern von ihm gekauftes Rohmaterial zur Verfügung und nahm ihnen die fertigen Produkte zu einem vorher vereinbarten festen Arbeitslohn ab. Die Produktionsmittel (Werkzeuge, Webstühle, Spinnräder usw.) mussten die beauftragten Handwerker und Heimarbeiter zur Verfügung stellen. Besonders verbreitet war das Verlagssystem im Textilgewerbe, es existierte noch bis weit ins 19. Jahrhundert hinein.

Außerdem gab es in Großbritannien traditionell eine große Zahl von Tüftlern und Erfindern, die durch **technische Verbesserungen und neue Maschinen** den Arbeitsaufwand zu verringern und die Leistung zu steigern suchten. Das Parlament belohnte erfolgreiche Erfindungen mit üppigen Prämien. Manche Erfindungen wurden nicht patentiert, sondern der Allgemeinheit zur Verfügung gestellt. So war es kein Zufall, dass herausragende Innovationen wie die mechanische Spinnmaschine, der mechanische Webstuhl und besonders die Dampfmaschine in Großbritannien das Licht der Welt erblickten (vgl. Kap. 3.1.2 und 3.1.3).

Die bessere Erschließung der reichlich vorhandenen **Kohle- und Eisenerzlager** lieferte Energie und Rohstoffe für die Eisen- und Stahlerzeugung (Maschinen- und Eisenbahnbau). Bereits ab dem Mittelalter wurde in England Kohle abgebaut, die meist billiger als Holz war. Im 17. und 18. Jahrhundert führte man verbesserte Fördertechniken ein (Bohr- und Sprengtechnik, Dampfpumpen zur Förderung von Kohle und Eisenerz sowie Entwässerung der Gruben), durch die die Leistungsfähigkeit des Bergbaus beträchtlich erhöht wurde. Der deutsche Kaufmann und Journalist Georg Weerth (1822–56), der in den 1840er-Jahren Großbritannien bereiste und das dortige Industriesystem untersuchte, fasste seine Beobachtungen zusammen:

Der unerschöpfliche Reichtum Großbritanniens an den Hauptbedingungen jeder industriellen Entwicklung, seine unerschöpflichen Eisen- und Kohlenbergwerke, der erfinderische Geist und die Energie seiner Bewohner und die für den Verkehr so günstige Lage des Landes haben England zu dem gemacht, was es jetzt ist. Außer den produktivsten Zinnbergwerken, die es in Europa gibt, außer den schönsten Blei- und Kupferminen und außer einer Salzmenge, mit der man die ganze Welt auf undenkliche Zeiten versorgen könnte, besitzt Großbritannien namentlich in den westlichen Teilen Englands und im südlichen und mittleren Teile Schottlands die kolossalsten Schätze an Kohlen und Eisen, die man sich denken kann. Die ungeheure Entwicklung der Industrie war nur durch die reichen Kohlenlager möglich.

Hinzu kam, dass große Teile des britischen Bürgertums von der **calvinistischen Wirtschaftsethik** geprägt waren, wonach ein mit Fleiß und sittlichem Verhalten gepaartes Streben nach Reichtum Gott wohlgefällig war. Diese Grundhaltung förderte Unternehmertum und Gewinnstreben.

Biografie **Adam Smith (1723–90)**

Der aus Schottland stammende Nationalökonom und Moralphilosoph wirkte ab 1751 als Professor in Glasgow, später als Privatgelehrter. In seinem 1776 veröffentlichten Werk „Untersuchung der Natur und Ursachen von Nationalreichtümern“ vollzog er eine Abkehr vom Merkantilismus und wurde zum Begründer der klassischen Nationalökonomie.

Die Grundsätze des **Wirtschaftsliberalismus** entwickelte der britische Ökonom Adam Smith. Demnach könnten sich in freier Konkurrenz und bei ungehinderten Handelsmöglichkeiten (Abbau von Zollschranken) ohne staatliche Eingriffe die Wirtschaft und das Allgemeinwohl am besten entfalten.

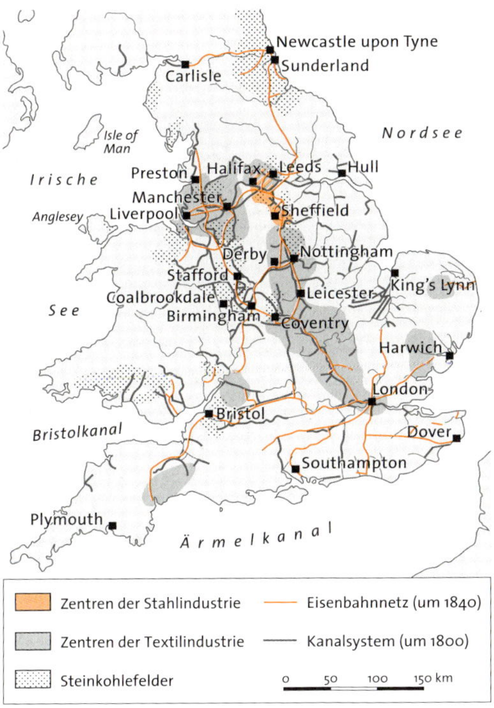

Die Industriezentren Großbritanniens

3.1.2
Textilgewerbe als Pionierindustrie

Im Zentrum der gewerblichen Produktion Großbritanniens stand zunächst die Herstellung von Textilien. Bis Anfang des 18. Jahrhunderts war es besonders die in der Regel noch verlegerisch organisierte Erzeugung von Wollstoffen, die vom Parlament durch ein Exportverbot für Rohwolle und durch Importzölle auf ausländische Tuche geschützt wurde. Britische Wollwaren fanden bei der wachsenden Bevölkerung, deren Kaufkraft stieg, guten Absatz, wurden aber auch in großen Mengen exportiert. Das änderte sich, als die britische East India Company (EIC) ab etwa 1700 damit begann, leichte **Baumwollstoffe** aus Indien einzuführen. Rasch avancierten diese zur wichtigsten Importware, die bei der Bevölkerung immer beliebter wurde. Das britische Wollgewerbe hatte Rückgänge zu verzeichnen und bei der Verarbeitung von Rohbaumwolle konnte das englische Textilgewerbe zunächst nicht mithalten.

Bei der Spinning Jenny werden über ein von Hand bewegtes Rad acht Spindeln bewegt (Druck von 1880).

Erst einige **Erfindungen** und Innovationen machten das britische Baumwollgewerbe konkurrenzfähig und öffneten den Weg zur Massenproduktion von preiswerten Textilien. Ein wichtiger Impuls für die ersten technischen Verbesserungen war der **Produktivitätsunterschied zwischen Spinnen und Weben.** Es waren etwa sechs bis acht Spinner nötig, um einen Weber mit Garn zu versorgen. Mit steigender Nachfrage wurde das Problem immer gravierender (Spinngarnhunger). Als dann 1733 das Webverfahren sogar noch beschleunigt wurde, entstand ein gewaltiger Druck, das Produktionstempo durch technische Hilfsmittel zu steigern und das bisher praktizierte Handspinnverfahren durch eine Maschine zu beschleunigen. Doch es dauerte noch über dreißig Jahre, bis die Lücke zwischen Spinngarnangebot und Nachfrage der Weber nach und nach geschlossen werden konnte. Die wichtigsten Neuerungen in der Textilindustrie waren:

- John Kay (1704 bis um 1780) entwickelte 1733 ein Weberschiffchen, das mechanisch von der einen auf die andere Seite geschossen wurde **(Schnellschütze).** Damit wurde der Webprozess vereinfacht und beschleunigt, außerdem war nun das Weben von breiteren Stoffbahnen durch einen einzelnen Weber möglich.
- Die Entwicklung der Spinnmaschine verlief in vier Stufen. 1767 erfand der Weber James Hargreaves (um 1720 bis 1778) die von Muskelkraft angetriebene **Spinning**

Jenny, mit der nur ein Spinner einen Weber mit Garn versorgen konnte. 1769 erhielt Richard Arkwright (1732–92) ein Patent auf die durch Wasser- oder Dampfkraft angetriebene und dadurch kontinuierlich laufende **Waterframe,** die von Hilfskräften bedient wurde und mit der Fabrikproduktion möglich war. In den 1770er-Jahren entwickelte der Weber Samuel Crompton (1753–1827) die aus den beiden Vorläufern kombinierte, in der Regel von Dampfmaschinen über Transmissionsriemen angetriebene **Spinning Mule,** die bis zu 1000 Spindeln tragen konnte und Garn besserer Qualität lieferte. Die nur von hoch qualifizierten und gut bezahlten Arbeitern zu steuernde Spinning Mule wurde ab etwa 1830 durch den von Richard Roberts (1789–1864) im Auftrag von Textilunternehmern entwickelten vollautomatischen **Selfaktor** ersetzt, den auch angelernte und damit billigere Arbeiter bedienen konnten. Allerdings benötigte diese komplizierte Maschine spezielle Fachkräfte für Einrichtung, Reparatur und Wartung.

- Die Erfindung des **mechanischen Webstuhls (Power Loom)** geht auf den Geistlichen Edmund Cartwright (1743–1823) zurück. Anfangs hatte er wenig Erfolg, weil der Produktivitätsfortschritt gegenüber dem Handwebstuhl mit Schnellschützen nicht erheblich war; außerdem fürchteten die Weber um ihre Arbeitsplätze und zerstörten die ersten Industriewebstühle (Maschinensturm). Erst nachdem im 19. Jahrhundert die Leistungsfähigkeit des Power Looms erheblich verbessert worden war, setzte er sich allmählich durch.

Chronologie	Wegmarken der Industriellen Revolution
1707/09	Sandformguss als Ersatz für das arbeitsaufwendige Lehmformverfahren sowie Steinkohlemeiler zur Herstellung von Koks (statt Holzkohle) zur Eisenverhüttung, Abraham Darby I.
1712	Dampfpumpe zur Entwässerung von Bergwerken, Thomas Newcomen
1733	Schnellschütze (fliegendes Weberschiffchen), John Kay
um 1765	Baumwollspinnmaschine mit acht Spindeln für das Heimgewerbe (Spinning Jenny), James Hargreaves
1769	Spinnmaschine mit Wasserkraft für die Fabrikproduktion (Waterframe), Richard Arkwright
1769/82	Dampfmaschine, James Watt
bis 1779	Verbindung von Spinning Jenny und Waterframe (Spinning Mule), Samuel Crompton
1783/84	Walzverfahren für Stabeisen und Puddelverfahren zur Herstellung von Schmiedeeisen und -stahl, Henry Cort
1785/92	Maschinenwebstuhl und Baumwollentkörnungsmaschine, Edmund Cartwright
1804/14	Dampflokomotive, Richard Trevithick, George Stephenson
1807	Dampfschiff, Robert Fulton
1825/30	Automatischer Selfaktor, Richard Roberts
1856/60	Bessemer-Birne (Frischen des Roheisens durch Einblasen von Luft), Henry Bessemer

Mit der Mechanisierung der Textilherstellung verlegte sich die East India Company nun verstärkt auf den Import von Rohbaumwolle. Großbritannien entwickelte sich zum **weltweit führenden Exporteur von Baumwolltextilien,** der den europäischen Markt und auch zahlreiche Überseegebiete mithilfe seiner leistungsfähigen Handelsflotte mit preiswerten, qualitativ hochwertigen Stoffen belieferte. Anfang des 19. Jahrhunderts machten Textilien etwa die Hälfte des britischen Exports aus.

Mit dem Siegeszug der Textilindustrie, der seit dem Einsatz der Dampfmaschine nicht mehr aufzuhalten war, entwickelte sich **Manchester zum Zentrum der fabrikmäßigen Textilherstellung,** während die traditionellen Heimarbeitszentren in Lancashire und Derbyshire an Bedeutung verloren. Zuerst verdrängten die Spinnmaschinen die Heimspinnerei, im 19. Jahrhundert dann die mechanischen Webstühle die Handweberei. Diese Entwicklung wirkte sich wie folgt aus:

- Die Beschäftigten des traditionellen Heimgewerbes verloren ihre Arbeit und gerieten in Not. Viele drängten in die Städte und vergrößerten dort das Heer der Arbeitsuchenden, die oft mit schlechten Arbeitsbedingungen, geringer Bezahlung und miserabler Wohnsituation vorlieb nehmen mussten (vgl. Kap. 3.3).
- Die wachsende Nachfrage nach Textil- und Arbeitsmaschinen beflügelte den Maschinenbau und indirekt damit verbunden auch Bergbau und Eisenindustrie. Dort fanden viele Arbeitsuchende Beschäftigung. Allmählich stiegen die Einkommen und damit auch die Nachfrage nach Gütern des täglichen Bedarfs.

3.1.3 Eisen, Kohle und Dampf

Zum zweiten Schwerpunkt der Industriellen Revolution entwickelte sich seit Beginn des 19. Jahrhunderts die **Eisen- und Stahlindustrie.** Einige technische Neuerungen gaben die entscheidenden Impulse zum Aufbau einer leistungsfähigen Schwerindustrie:

- Mit der **Herstellung von Koks aus Steinkohle** zur Eisenverhüttung (Abraham Darby I., 1676–1717) war ein reichlich verfügbarer und leistungsfähigerer Brennstoff gefunden worden als die bis dahin verwendete und wegen Holzmangels knapper werdende Holzkohle. Außerdem konnte dank der höheren Temperaturen ein reineres und flüssigeres Eisen erschmolzen werden, sodass die produzierten Eisenwaren deutlich leichter und eleganter wurden. Allerdings war das so gewonnene Roheisen brüchig und spröde und konnte nicht geschmiedet, sondern nur gegossen werden.
- Mit der **Doppelerfindung der Walztechnik und des Puddelns** löste Henry Cort (1740–1800) das Problem. Durch etwa 24-stündiges Umrühren (engl. to puddle) mit langen Rührhaken wurde dem geschmolzenen Roheisen ständig Sauerstoff zugeführt (Frischen), um es durch Verbrennung von Kohlenstoff von Verunreinigungen (z. B. Schwefel) zu befreien. Dadurch entstand hochwertiges Schmiedeeisen (Stahl). Dieses konnte in noch rot glühendem Zustand in von einer Dampfmaschine angetriebenen Walzen zu Stabeisen geformt und dann weiterverarbeitet werden. Die bisher praktizierten zeitaufwendigen Prozesse des Frischens in der Schmiedeesse und der Herstellung von Barren- und Stabeisen durch Hämmern wurden durch die neuen Verfahren um rund 90 % verkürzt.
- In der Mitte des 19. Jahrhunderts gelang es Henry Bessemer (1813–1898) durch die

Erfindung der sog. **Bessemer-Birne,** die Zeit für das Frischen des Roheisens auf 15 bis 20 Minuten zu reduzieren, indem er Sauerstoff in einen mit flüssigem Roheisen gefüllten birnenförmigen Behälter einblasen ließ.

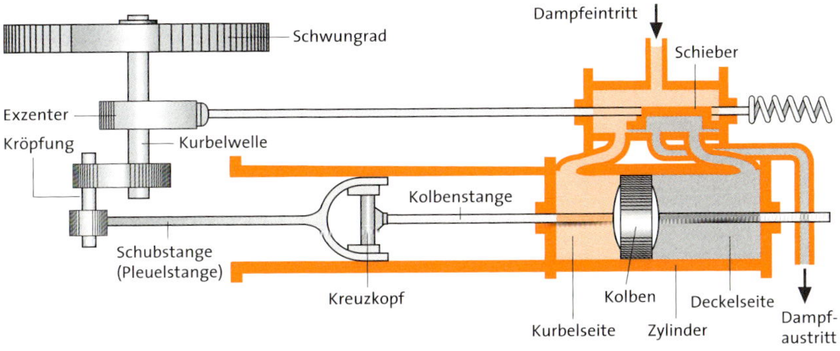

Funktionsweise einer Dampfmaschine

Die Dampfmaschine

Die britische Eisenerzeugung vervielfachte sich und Großbritannien wurde von einem Eisenimport- zu einem Eisenexportland. Parallel dazu wuchs der Bedarf an Kohle und Eisenerz; die Gruben mussten weiter ausgebaut, vertieft und stärker entwässert werden. Die Erfindung der Dampfpumpe erleichterte das Entwässerungsproblem etwas. Einen entscheidenden Technologiesprung stellte schließlich die Konstruktion der viel leistungsfähigeren Dampfmaschine dar. Diese wirkte wiederum als Initialzündung für eine weitere Beschleunigung der Industrialisierung.

- **Newcomens Dampfpumpe:** Bereits 1712 konstruierte der Schmied Thomas Newcomen (1663 [getauft] bis 1729) eine Dampfpumpe, die mithilfe der Auf- und Abbewegung eines Kolbens über eine Balancierstange Wasser abpumpen konnte. Dabei wurde in einem Zylinder Dampfdruck erzeugt, der einen Kolben hochschob, und dann kaltes Wasser zur Abkühlung in den Zylinder gespritzt, sodass der Dampf kondensierte und der Kolben aufgrund des atmosphärischen Drucks wieder nach unten sank. Die Dampfpumpe fand weite Verbreitung, besaß allerdings nur einen sehr geringen Wirkungsgrad.
- **Watts Dampfmaschine:** Dem schottischen Mechaniker James Watt (1736–1819) gelang 1769 die epochemachende Innovation. Er verlagerte den Kondensationsprozess in einen separaten Kondensator, in dem der Dampf abgekühlt wurde. Damit erfolgten Erhitzen und Abkühlen nicht mehr nacheinander, sondern gleichzeitig. Im Lauf der folgenden Jahre verbesserte er seine Maschine weiter: 1781 entwickelte er ein Kurbelgetriebe mit Schubstange, das Drehbewegungen ermöglichte, und 1782 konstruierte er eine Maschine mit Dampfeinlässen auf beiden Seiten des Zylinders. Nun konnte er auf die schwache Wirkung des atmosphärischen Drucks und den Kondensator verzichten, weil der Dampf alle Arbeit direkt verrichtete. Damit hatte Watt die Leistungskraft und den Wirkungsgrad seiner Maschine beträchtlich erhöht und sie zu einem jederzeit einsetzbaren Antriebsmittel gemacht, das die unzuverlässigen, standortabhängigen und relativ schwachen Energiequellen Wind, Wasser und Muskelkraft ersetzen konnte.

Biografie **James Watt**

Nach einer Mechanikerlehre erhielt der im schottischen Greenock geborene Watt eine Stelle als Betreuer der physikalischen Sammlung an der Universität Glasgow. Der Auftrag zur Reparatur einer newcomenschen Dampfpumpe inspirierte ihn 1769 zu der Erfindung der Dampfmaschine, die er zunächst unter großen finanziellen Schwierigkeiten weiterentwickelte. Schließlich fand er in Matthew Boulton (1728–1809) einen finanzkräftigen Partner, mit dem er 1775 bei Birmingham die Firma **Boulton & Watt** gründete und sich die **Patentrechte** an seiner Erfindung bis 1800 sicherte. Nun konnte er ohne Geldsorgen die entscheidenden Verbesserungen an seiner Maschine vornehmen. 1800 stieg Watt wohlhabend aus der Firma, die äußerst erfolgreich Dampfmaschinen in alle Welt verkaufte, aus und verbrachte seinen Lebensabend mit der Arbeit an weiteren Erfindungen.

Fabriksystem

Watts Geschäftspartner Matthew Boulton und der Textilunternehmer und Erfinder Richard Arkwright gelten als Begründer des modernen Fabriksystems, das die gewerbliche Produktion auf eine neue Grundlage stellte. Besonders Boultons 1765 bei Birmingham eröffnete Soho Factory zur Massenproduktion von Metallwaren wurde zum bald weltweit nachgeahmten Vorbild. Vor allem die Mechanisierung des Produktionsprozesses und Arbeitsteilung kennzeichneten die neue Arbeitsorganisation.

- **Mechanisierung des Produktionsprozesses:** Der konsequente Einsatz von Maschinen verdrängte die Handarbeit fast völlig. Die Standardisierung von Massenartikeln und damit auch des Maschinenbaus begann.
- **Betriebliche Arbeitsteilung:** Boulton trennte die Entwurfs- und Konstruktionsabteilung seiner Firma von der Serien- und Massenherstellung in den Fabrikhallen.
- **Technische Arbeitsteilung:** Die mit den Manufakturen einsetzende Zerlegung der Arbeit in einzelne stereotype Arbeitsschritte wurde von Boulton weiter verfeinert und ausgebaut, sodass die Arbeiter immer nur bestimmte Teilarbeiten ausführten, ohne den Arbeitsplatz oder das Werkzeug bzw. die Maschine wechseln zu müssen. Gleichzeitig ordnete er die Arbeitsplätze in der Abfolge des Produktionsprozesses an. Das führte zu höherer Produktivität, stärkerer Normierung und besserer Kontrolle von Arbeitszeit und -qualität.
- **Berufliche Arbeitsteilung:** Aus den Handwerkern bzw. Mechanikern, die alle Schritte von der Konstruktion über die Zeichnung bis zur Ausführung von Metall- und Holzarbeiten beherrschten, wurden Spezialisten für einzelne Arbeitsschritte. Dadurch stieg zwar die Arbeitsleistung, aber zugleich verarmte die Arbeit zu einer geistig wenig anspruchsvollen, oft stereotypen Tätigkeit.
- **Hierarchische Organisation:** Die Konzentration von einigen Hundert Arbeitern in einer Fabrik erforderte eine stärkere Disziplinierung und eine hierarchische Ordnung. Boulton differenzierte zwischen Abteilungsleitern, Vorarbeitern, Facharbeitern und Angelernten und übernahm als Grundlage dafür ein aus dem Handwerk stammendes Ausbildungssystem mit Meister, Geselle und Lehrling.

Der Unternehmensleitung oblagen die strategische Zielsetzung, Investitions- und Innovationsentscheidungen, die Personalpolitik und die zentrale Lenkung und Überwachung der Produktion.

Des Weiteren kümmerte sich Boulton aus sozialer Verantwortung um das Wohlergehen seiner Arbeiter. Er ließ Werkswohnungen auf dem Firmengelände bauen, sorgte für saubere, helle und luftige Fabrikräume, richtete eine Sozialversicherung nach dem Solidaritätsprinzip ein und beschränkte die Kinderarbeit. Hierin fand er allerdings kaum Nachahmer. In der Regel blieben die Arbeitsbedingungen miserabel; erst ab Mitte des 19. Jahrhunderts besserten sich die Verhältnisse langsam.

Eisenbahn und Dampfschiff

Es war nur eine Frage der Zeit, bis die Dampfmaschine auch den Transport von Waren und Menschen und damit das Verkehrssystem revolutionierte. Als Erfinder der **dampfgetriebenen Lokomotive** gelten Richard Trevithick (1771–1833) und George Stephenson (1781–1848). Die erste Schienenbahn verkehrte 1825 in Nordengland; größere Bedeutung hatte die 1830 eröffnete Bahnverbindung zwischen dem wichtigsten Baumwollimporthafen Liverpool und dem Zentrum der Textilindustrie Manchester. Das britische Eisenbahnnetz breitete sich rasch aus und diente neben dem Warentransport auch dem Personenverkehr. Die **ökonomischen Auswirkungen** waren beträchtlich:

- Im Eisenbahnbau und -betrieb fanden Hunderttausende Arbeit und Einkommen.
- Der Bedarf nach Eisen- und Stahlprodukten (Schienen, Lokomotiven, Brücken usw.), nach Kohle und nach Baustoffen für Bahnhofsanlagen, Dämme und Tunnel beflügelte andere Wirtschaftszweige. So floss z. B. 1847 rund ein Fünftel der gesamten Roheisen- und Maschinenbauproduktion in den Eisenbahnbau.
- Die Eisenbahnen erhöhten die **Mobilität** der Arbeitskräfte, förderten die **Urbanisierung** und trugen zum Ausgleich der Preise von Agrarerzeugnissen und Verbrauchsgütern auf dem Binnenmarkt bei.

Das erste funktionsfähige **Dampfschiff,** das der Amerikaner Robert Fulton (1765 bis 1815) gebaut hatte, verkehrte ab 1807 auf dem Hudson zwischen New York und Albany. Schon bald befuhren Hunderte von Raddampfern die großen amerikanischen Ströme. In England dienten Dampfer vor allem dem Personenverkehr. Wichtiger noch waren Dampfboote in der Küstenschifffahrt, die um 1850 noch rund 70 % des Warentransports für die britischen Häfen bewältigte. Als mit der Entwicklung der **Schiffsschraube** ein leistungsfähigerer Antrieb gefunden war (1836) und die ersten Schiffe mit Eisenrümpfen gebaut wurden, konnten Dampfschiffe auch auf dem offenen Meer eingesetzt werden. 1845 überquerte das erste Hochseeschiff mit eisernem Rumpf und Schiffsschraube, die in Bristol gebaute „Great Britain“, den Atlantik und leitete damit eine neue Epoche der Passagierschifffahrt ein.

3.2
Deutschlands Weg zum Industriestaat

Großbritannien, das Mutterland der Industrie, versuchte, seinen ökonomischen und technischen Vorsprung gegenüber Kontinentaleuropa so lange wie möglich zu wahren. Um einen möglichen Technologietransfer zu verhindern, verhängte das britische Parlament ein Exportverbot für Industriemaschinen. So setzte die **Industrialisierung** auf dem **Kontinent** erst mit **Verzögerung** ein. Dabei spielten die räumliche Nähe zu Großbritannien, das Vorhandensein von Bodenschätzen und Arbeitskräften sowie der Ausbau der Infrastruktur eine wichtige Rolle. Ausgehend von Belgien und Nordfrankreich drang die industrielle Produktionsweise ab etwa 1830 langsam auch nach Deutschland vor, allerdings nicht überallhin und nicht gleichzeitig. Um 1850 begann ein dynamisches Wachstum der deutschen Industrie. Am Ende des Jahrhunderts war das politisch geeinte Deutschland zu einem weltweit beachteten Industriestaat aufgestiegen, der mit Großbritannien in vielen Bereichen gleichauf lag, in den neuen Leitsektoren der Elektro- und Chemieindustrie sogar führend geworden war.

3.2.1
Die Ausgangslage in Deutschland

In Deutschland waren seit den letzten Jahrzehnten des 18. Jahrhunderts die technischen Errungenschaften der britischen Industrie durchaus bekannt. Auch gab es einige protoindustrielle Zentren, z. B. im Bergischen und Märkischen, am Niederrhein, an der Saar, in Sachsen, Berlin und Oberschlesien, die als Ausgangspunkte eines Industrialisierungsprozesses infrage kamen. Dort wurden sogar schon früh erste Spinnmaschinen betrieben (1783 in Ratingen bei Düsseldorf) und Dampfmaschinen eingesetzt (1785 in Mansfeld im Südharz beim Abbau von Kupferschiefer), bereits 1803 wurde in Essen die erste deutsche Dampfmaschine hergestellt. Doch blieben diese Innovationen aus verschiedenen Gründen vereinzelt und wirkten vorerst nicht als Impulsgeber für eine rasche und flächendeckende Industrialisierung.

Gründe für die verspätete Industrialisierung in Deutschland

Zu Beginn des 19. Jahrhunderts waren die deutschen Staaten nicht nur politisch, sondern auch wirtschaftlich und gesellschaftlich im Vergleich mit Großbritannien rückständig.

- **Territoriale Zersplitterung:** Deutschland war noch um 1800 in über 300 weitgehend souveräne Territorien aufgeteilt. Es gab keinen einheitlichen Wirtschaftsraum. Zahlreiche **Zollschranken** hinderten den Warenaustausch.
- **Staatliche Wirtschaftsregulierung:** Staatliche Eingriffe und Bestimmungen regelten das Wirtschaftsgeschehen. Es gab Zölle, Produktionsmonopole, Ein- und Ausfuhrbeschränkungen mit dem Ziel, die Wirtschaft des Landes zu schützen und dem Staat möglichst hohe Einnahmen zu bescheren **(merkantilistische Wirtschaftsweise).**
- **Ständische und zünftige Hemmnisse:** Leibeigenschaft, Schollenbindung und bäuerliche Subsistenzwirtschaft auf dem Land sowie Zunftzwang und fehlender Wettbewerb im städtischen Handwerk verhinderten Innovationen, gesellschaftliche Mobilität und dämpften Aufstiegsambitionen.

- **Traditionelle Mentalitäten:** Überkommene kulturelle und religiöse Grundeinstellungen standen im Widerspruch zu gewinnorientiertem Wirtschaften und fremdbestimmter Fabrikarbeit.
- **Mangelnde Infrastruktur:** Die staatliche Zersplitterung verhinderte auch einen Ausbau der Infrastruktur (überregionaler Straßenbau, Kanalsysteme).
- **Mangelnde Erschließung der Kohle- und Erzvorkommen:** Die in manchen Gebieten Deutschlands vorhandenen Bodenschätze waren nur unzulänglich erschlossen (z. B. noch Kohletagebau im Ruhrgebiet).
- **Kapitalmangel:** In Deutschland fehlte ein gut ausgebautes Banken- und Kreditsystem zur Bereitstellung von Investitionskapital; auch Kolonien als Quelle von Handelsvermögen, das gewerblich angelegt werden konnte, gab es nicht.

Basiswissen **Merkantilismus**

Nach der in den meisten Staaten Europas zwischen dem 16. und 18. Jahrhundert vorherrschenden Wirtschaftsform des Merkantilismus (lat. mercari = Handel treiben) war es die Aufgabe der Wirtschaft, dem Staat bzw. **dem Herrscher die finanziellen Mittel** für stehende Heere, einen wachsenden Beamtenapparat und die fürstliche Repräsentation **zu verschaffen.** Da vor allem der Handel mit dem Ausland als Quelle des Reichtums galt, lag das Hauptaugenmerk darauf, mithilfe einer Fülle von **dirigistischen Maßnahmen** einen **Handelsbilanzüberschuss** zu erzielen und damit Geld in die Staatskasse zu bringen. Zu diesen gehörten: Förderung des Manufakturgewerbes, von staatlichen Monopolen, des Exports von Fertigartikeln und des Imports von Rohstoffen; Beschränkung des Exports von Rohstoffen und des Imports von Fertigwaren; Erwerb von Kolonien als Rohstoffquellen und Aufbau einer Handelsflotte; aktive Bevölkerungspolitik durch Anwerbung und Ansiedlung von Facharbeitern und gewerblich aktiven Bevölkerungsgruppen und Auswanderungsverbote zur Sicherung der Manufakturproduktion.

Antriebskräfte und Begünstigungen der Industrialisierung in Deutschland

Mit der nach den Napoleonischen Kriegen beginnenden jahrzehntelangen Friedenszeit in Europa kamen auch in Deutschland allmählich die modernisierenden Antriebskräfte der Wirtschaft zum Tragen:

- Nach 1815 nahm die Bevölkerungsentwicklung rasant zu (s. Tabelle S. 86) und der allgemeine Wohlstand verbesserte sich kontinuierlich. Das erzeugte einen langfristigen **Nachfragesog** nach Konsumartikeln und indirekt Anreize für den Ausbau der Produktion und des Verkehrswesens.
- Durch die Veränderungen nach dem Reichsdeputationshauptschluss und dem Wiener Kongress hatte sich die territoriale Zersplitterung verringert; viele Abgaben und Zwischenzölle waren weggefallen und es waren **größere Märkte** entstanden.
- In Deutschland mussten technische Innovationen und neue Formen der Arbeitsorganisation nicht selbst entwickelt werden, sondern man konnte vom **englischen Vorbild** lernen und die dort geschaffenen Modelle trotz Patentschutz und Exportsperren übernehmen. Zahlreiche Unternehmer, Regierungsbeamte und Techniker reisten über den Kanal, besuchten die neuen industriellen Zentren und

studierten die modernen Fabriken mit ihren Maschinensälen an Ort und Stelle. Umgekehrt wurden englische Ingenieure und Facharbeiter mit hohen Prämien trotz Auswanderungsverboten abgeworben, während gleichzeitig Tausende von Deutschen ihre Lehrjahre in England verbrachten. Außerdem blühten Werkspionage und Schmuggel oder man stahl oder kaufte Bauzeichnungen. Hilfreich war auch, dass die britische Industrie billiges Roheisen, industrielle Zwischenprodukte und Halbfertigfabrikate für die Weiterverarbeitung liefern konnte.

	Deutschland	Preußen
um 1750	ca. 17 Mio.	ca. 2,5 Mio.
um 1815	24,5 Mio.	13,7 Mio.
1849	35,1 Mio.	20,4 Mio.
1875	42,7 Mio.	25,7 Mio.
1910	64,9 Mio.	40,1 Mio.

Bevölkerungsentwicklung in Deutschland

3.2.2 Der Weg zur Marktwirtschaft

Die auch in Deutschland vorhandenen wirtschaftlichen Antriebskräfte konnten allerdings nur unter den Bedingungen einer **freien Marktwirtschaft** zu einem umfassenden und tief greifenden sozioökonomischen Wandel führen. Eine moderne Industriewirtschaft konnte nur entstehen, wenn aus in ständischen und zünftigen Schranken gefangenen Menschen freie Wirtschaftssubjekte wurden, die auf offenen und für alle zugänglichen Märkten Produkte zu frei ausgehandelten Preisen anbieten und kaufen konnten.

Basiswissen **Marktwirtschaft**

Unter Marktwirtschaft versteht man eine Wirtschaftsordnung, bei der ein für alle zugänglicher Markt nach dem **Prinzip von Angebot und Nachfrage** die Art und die Menge der Produktion sowie die Preise der Waren regelt. Voraussetzungen für eine derartige Wirtschaftsordnung sind Gewerbe- und Vertragsfreiheit, freie Wahl von Beruf und Arbeitsplatz, **freier Wettbewerb** und Privateigentum an Produktionsmitteln. Die Rolle des Staates beschränkt sich auf die Garantie einer rechtlichen Ordnung und die Schaffung einer angemessenen Infrastruktur **(Nachtwächterstaat).** Die Prinzipien der freien Marktwirtschaft wurden erstmals 1776 von Adam Smith formuliert (vgl. Kap. 3.1.1), aber in völlig reiner Form kaum verwirklicht. Meist greift der Staat zur Vermeidung sozialer Härten oder zur Beschneidung der Macht von marktbeherrschenden Großunternehmen mehr oder weniger stark in das Wirtschaftsgeschehen ein **(soziale Marktwirtschaft).**

Abbau von ständischen und zünftigen Hindernissen

Die Niederlage Preußens gegen Napoleon 1806 hatte drastisch die gesellschaftliche, politische und wirtschaftliche Rückständigkeit Deutschlands offenbart. Von Preußen gingen auch die Impulse zur Modernisierung aus. Die **preußischen Reformen** der Jahre 1807–10 schufen wichtige Voraussetzungen für den wirtschaftlichen Aufschwung und die Industrialisierung (vgl. Kap. 2.1.3). Die Kernpunkte der Reformbestimmungen ebneten den Weg zur Marktwirtschaft:

- Nach der **Agrarreform** (1807) konnte die Landbevölkerung ohne Erlaubnis des Grundherrn heiraten, in die Städte wegziehen und ein Gewerbe aufnehmen. Dadurch wuchs die Bevölkerung und es entstand ein riesiges Arbeitskräftepotenzial für die Industrie. Der nun aufkommende Agrarkapitalismus bewirkte einen Ausbau, eine Rationalisierung und eine Produktivitätssteigerung der Landwirtschaft (zwischen 1807 und 1848 Verdoppelung des Gesamtertrages), sodass die wachsende Bevölkerung meist ausreichend mit Nahrungsmitteln versorgt werden konnte.
- Mit der Einführung der **Gewerbefreiheit** (1810) wurde der Zunftzwang beseitigt. Damit konnte jeder, der es wollte, wirtschaftlich aktiv werden. Mechanisierte Produktionsweisen waren nun nicht mehr durch Zunftregeln verboten, Produktivitäts- und Qualitätssteigerungen nicht mehr verpönt, Konkurrenz wurde nicht mehr vermieden. Eigeninitiativen und Innovationen lohnten sich.

Basiswissen **Gewerbefreiheit**

Nach preußischem Vorbild wurde nach und nach in allen deutschen Staaten die Gewerbefreiheit eingeführt. Jeder konnte nun unabhängig von Zunftvorschriften und staatlichen Regeln ein Gewerbe ausüben. Allerdings wurden ab Mitte des 19. Jahrhunderts **Gewerbeordnungen** erlassen (Preußen 1845, Norddeutscher Bund 1869), die die Aufnahme eines Gewerbes an Befähigungsnachweise (Meister- und Gesellenprüfungen) knüpften, die Ausbildung regelten und Schutzbestimmungen für die Arbeiter festlegten (Kündigungsfristen, Arbeitszeiten). An die Stelle der alten Zünfte traten Innungen und Gewerbekammern, die die Prüfungen abnahmen und die Einhaltung der Bestimmungen überwachten.

Abbau der Zollschranken

Die Schaffung eines großen und offenen Marktes war eine weitere wichtige Voraussetzung für die Industrialisierung. Entsprechend forderte der Tübinger Volkswirtschaftler Friedrich List (1789–1846) 1819 im Namen von 70 deutschen Kaufleuten und Fabrikanten:

Vernünftige Freiheit ist die Bedingung aller physischen und geistigen Entwicklung des Menschen. Wie der menschliche Geist niedergehalten wird durch Bande des Gedankenverkehrs, so wird der Wohlstand der Völker gebeugt durch Fesseln, welche der Produktion und dem Verkehr materieller Güter angelegt werden. [...] Achtunddreißig Zoll- und Mautlinien in Deutschland lähmen den Verkehr im Innern und bringen ungefähr dieselbe Wirkung hervor, wie wenn jedes Glied des menschlichen Körpers unterbunden wird, damit das Blut ja nicht in ein anderes überfließe. Trostlos ist dieser Zustand für Männer, welche wirken und handeln möchten: mit neidischen Blicken sehen sie hinüber über den Rhein, wo ein großes Volk vom Kanal bis an das mittelländische Meer, vom Rhein bis an die Pyrenäen, von der Grenze Hollands bis Italien auf freien Flüssen und offenen Landstraßen Handel treibt, ohne einem Mautner zu begegnen.

Bereits in den ersten beiden Jahrzehnten des 19. Jahrhunderts schafften wichtige deutsche Staaten wie Bayern, Baden, Württemberg und Preußen ihre Binnenzölle ab. In den 1820er-Jahren entstanden dann drei größere landesübergreifende Zollzusammenschlüsse, der Preußisch-Hessische, der Süddeutsche und der Mitteldeutsche Zollverein. Den entscheidenden Schub gab dann die **Gründung des Deutschen Zollvereins** 1834. Unter preußischer Führung schloss sich ein großer Teil der deutschen Staaten mit rund 32 Millionen Einwohnern zu einem einheitlichen Wirtschaftsraum zusammen. Zwischen den verschiedenen Landeswährungen wurde ein fester Wechselkurs festgelegt, der norddeutsche Taler fungierte als Leitwährung. Diese Maßnahmen reduzierten die staatlichen Verwaltungskosten und steigerten die Einnahmen aus Außenzöllen. Vor allem aber schufen sie einen großen Markt mit erheblichen Nachfrage- und Angebotsperspektiven, die Produktion und Investitionen, Handel und Konsum anregten. Der rasche Erfolg des Zusammenschlusses führte dazu, dass sich die meisten deutschen Staaten (außer Österreich und die Hansestädte) in den folgenden Jahren dem Zollverein anschlossen. Gleichzeitig war das von ihm eingerichtete **Zollparlament,** das in den Jahren 1868–70 tagte, ein wichtiger Motor einer künftigen deutschen Einigung.

Karikatur zur Gründung des Zollvereins: Die Handelsschranken werden niedergerissen.

3.2.3 Verspätete Industrialisierung

Nach vereinzelten Vorläufern begann der Siegeszug der Arbeits- und Antriebsmaschinen in Deutschland erst ab den 1830er-Jahren, und zwar zunächst in der Textilindustrie.

Textilgewerbe

Ihre regionalen Schwerpunkte lagen anfangs in Sachsen und am Niederrhein, später kamen nach und nach weitere Gebiete hinzu. In einem ersten Schritt verbreitete sich dort der fabrikmäßige Einsatz wasser- oder dampfgetriebener Baumwollspinnmaschinen. Die Weiterverarbeitung der Baumwollgarne sowie die Herstellung von Woll- und Leinenstoffen wurden jedoch noch lange in **Heimweberei** nach dem Verlagssystem betrieben. Solange genügend billige Heimarbeitskräfte zur Verfügung standen, schien den Unternehmern die Einführung mechanischer Webstühle nicht lohnend. Das hatte zur Folge, dass mit der Ausweitung der industriellen Spinnerei auch die Heimarbeit expandierte und sich die Zahl der traditionellen Heimweber zwischen 1800 und 1850 verdoppelte. Die Lage änderte sich erst, als englische Importtextilien, besonders Leinenwaren, immer billiger wurden. Als die Textilunternehmer, um der britischen Konkurrenz standhalten zu können, die Löhne der Heimweber senkten, gerieten diese in eine dramatische Notlage. Diese Misere war die Ursache für den Schlesischen Weberaufstand von 1844, der das Ende der Heimweberei einläutete. Ab Mitte des 19. Jahrhunderts verschwand sie nach und nach und machte der Fabrikproduktion an Maschinenwebstühlen Platz.

Basiswissen **Weberaufstand in Schlesien**

Die schlesischen Weberdörfer hatten sich ab etwa 1830 durch steten Lohnverfall zu regelrechten **Notstandsgebieten** entwickelt. Tausende Familien waren der Marktmacht weniger Großunternehmer ausgesetzt und konnten von den Hungerlöhnen kaum ihr Leben fristen. Am 4. 6. 1844 entwickelte sich aus einem Protestmarsch zur Villa des Unternehmers Zwanziger in Peterswaldau ein allgemeiner Aufruhr, der auch auf die Nachbargemeinde Langenbielau übergriff. Die auf rund **3000 Menschen angewachsene Menge** stürmte die Unternehmervillen und vernichtete Maschinen und Geschäftsbücher in ihren Betrieben. **Am 6. Juni schlug zur Hilfe gerufenes preußisches Militär den Aufstand nieder.** Die Rebellion der schlesischen Weber erregte großes publizistisches Aufsehen und weckte Mitgefühl für ihre Notlage. Die Aufständischen kamen zwar vor Gericht und wurden verurteilt, doch wurden sie auf Empfehlung des Gerichts, das Verständnis für ihre ausweglose Lage zeigte, bald begnadigt.

Eisenbahnbau und Schwerindustrie als Motoren der Industrialisierung

Die Industrialisierung in Deutschland begann um 1835 und ging vom Eisenbahnbau und der Schwerindustrie (Eisenindustrie, Steinkohlebergbau, Maschinenbau) aus. 1835 verkehrte die erste Eisenbahn zwischen Nürnberg und Fürth; 1850 war das Streckennetz in Deutschland bereits auf knapp 6000 km, 1870 auf etwa 20 000 km angewachsen. Die Zeitgenossen betrachteten das neue Transportmittel mit einer Mischung aus Skepsis und Faszination. Typisch war die Reportage des dänischen Dichters Hans Christian Andersen (1805–75) über seine Reise auf der 1840 eröffneten Eisenbahnlinie von Magdeburg nach Leipzig:

Wir spannen unser magisches Pferd vor den Wagen, und der Raum entschwindet; wir fliegen wie die Wolken im Sturm, tun es den Zugvögeln nach! Unser wildes Pferd schnaubt und prustet, aus seinen Nüstern quillt der schwarze Rauch. Schneller konnte auch Mephistopheles nicht mit Faust auf seinem Mantel fliegen! Durch natürliche Mittel sind wir in unserer Zeit ebenso mächtig, wie man es im Mittelalter nur vom Teufel glaubte, unser Scharfsinn hat ihn eingeholt, und ehe er sich's noch versieht, sind wir an ihm vorbei.

Die **Initiatoren des Eisenbahnbaus** der 1840er-Jahre waren in Preußen vornehmlich **private Investoren,** z. B. Privatbankiers, die lukrative Anlagemöglichkeiten für ihr Kapital suchten. Der Staat erteilte lediglich die entsprechenden Konzessionen und behielt sich Aufsichtsrechte vor. In den süddeutschen Ländern und auf für Investoren unattraktiven Strecken entstanden dagegen staatliche Bahnlinien. Nach der Wirtschaftskrise von 1847/48 (vgl. Kap. 2.4.1) und der Revolution von 1848/49 gab es auch in Preußen einen Kurswechsel. Jetzt griff die Regierung zur Ankurbelung der Wirtschaft aktiver als bisher in das Wirtschaftsgeschehen ein:

- Sie **investierte staatliche Mittel** in den Eisenbahnbau (Beteiligung an Unternehmen, Kreditgarantien, Bau von Staatsbahnen), sodass der Streckenausbau intensiviert wurde und die Bahnen stärker unter staatliche Kontrolle gerieten.
- Sie **verringerte** allgemein die **Regulierung der Wirtschaft** (leichtere Zulassung von Aktiengesellschaften, Liberalisierung des Steinkohlebergbaus), sodass das Volumen privater Industrieinvestitionen rasch und deutlich zunahm.
- Preußen und verschiedene andere deutsche Länder förderten den Industrialisierungsprozess durch bildungspolitische Maßnahmen. Sie erweiterten den Hochschulbereich durch die Einrichtung von **Gewerbe- und Handelsschulen** sowie von **polytechnischen Schulen,** den Keimzellen der technischen Hochschulen, um so optimale Voraussetzungen zur Ausbildung von Wirtschaftsfachleuten sowie von Technikern und Ingenieuren für die Industrie zu schaffen.

Infolge dieser Maßnahmen verdichtete sich das Streckennetz in Deutschland rasch und wurde außerdem zweispurig ausgebaut. Nach der Reichsgründung von 1871 blieben die Eisenbahnen in der Hand der verschiedenen Reichsländer, die noch verbliebenen Privatbahnen wurden nach und nach gegen Entschädigung verstaatlicht. Um 1900 umfasste das gesamte deutsche Streckennetz rund 51 000 km.

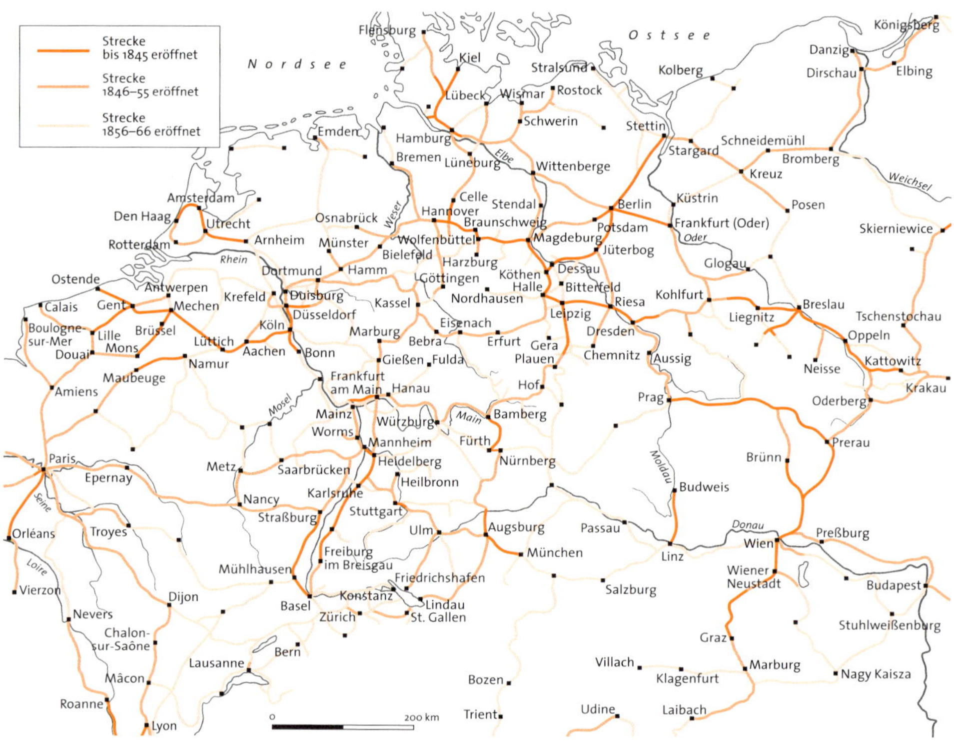

Entwicklung des Eisenbahnnetzes in Deutschland

Synergie- und Koppeleffekte des Eisenbahnbaus

Der Eisenbahnbau war der entscheidende Impulsgeber, der auf andere Wirtschaftsbereiche ausstrahlte und die Industrialisierung in großem Stil in Gang brachte. Die volkswirtschaftliche Bedeutung des Eisenbahnbooms lässt sich in folgenden Punkten zusammenfassen:

- Er beflügelte die **Eisen- und Stahlindustrie** (wachsender Bedarf für Schienen, Lokomotiven und Waggons), den **Kohlebergbau** (Feuerung für Lokomotiven und Eisenverhüttung) und den **Maschinenbau.** Da die deutsche Industrie der steigenden Nachfrage anfangs nicht gewachsen war, wurden Lokomotiven und Roheisen zunächst meist aus Großbritannien eingeführt. Bereits 1853 stammten jedoch über 94 % der preußischen Lokomotiven aus heimischer Produktion. Bald wurden auch in der Eisenverhüttung moderne Produktionsverfahren eingeführt (Einsatz von Koks statt Holzkohle, Ausbreitung des Puddelverfahrens). Im Steinkohlebergbau begann man nun, neue Lagerstätten zu erschließen und durch Grubenentwässerung mithilfe von Dampfmaschinen in größere Tiefen vorzudringen.
- Die Eisenbahnen revolutionierten das **Transportwesen.** Waren konnten schneller befördert werden, während gleichzeitig die Transportkosten für Rohstoffe wie Kohle und Erz sanken. Die Eisenbahnen versorgten die dynamisch wachsenden Industriestädte mit Lebensmitteln. Zugleich wurden die Menschen mobiler und konnten auch entfernt liegende Arbeitsplätze aufsuchen.
- Eisenbahnbau und -betrieb, Eisenherstellung, Bergbau, Maschinenbau und Zulieferindustrien verschafften einer Vielzahl von Menschen **Arbeitsplätze** und Lebensunterhalt. Dadurch nahmen die Konsummöglichkeiten und -bedürfnisse zu, was wiederum der Konsumgüterindustrie Auftrieb gab.
- Es bildeten sich **Zentren der Schwerindustrie** heraus, die auf Jahrzehnte die wirtschaftliche Entwicklung in Deutschland bestimmten. Damals begann der fulminante **Aufstieg des Ruhrgebiets** zum industriellen Herzen Deutschlands. Rasch überflügelte es die älteren Schwerindustriegebiete in Oberschlesien und im Saarland. Noch heute bekannte Firmen wie Krupp, Thyssen, Hoesch, Klöckner, Haniel und Mannesmann begannen nach 1850 ihren Aufstieg. Die **Zentren des Maschinenbaus** lagen in **Berlin** und in **Sachsen.**

Biografie **Alfred Krupp (1812–87)**

Alfred Krupp übernahm in jungen Jahren eine von seinem Vater gegründete Gussstahlfabrik und baute sie zum größten Industrieunternehmen Europas aus. Der entscheidende Durchbruch gelang ihm 1852/53 mit der Erfindung eines **nahtlosen Radreifens,** der in der Eisenbahnindustrie weltweit begehrt war. Seine größten geschäftlichen Erfolge erzielte Krupp jedoch in der Rüstungsproduktion. Durch die Einführung innovativer Techniken in der Eisenherstellung und -verarbeitung konnte er leistungsfähige Stahlkanonen herstellen, die den bisher üblichen Bronzegeschützen deutlich überlegen waren. Krupp lieferte seine Produkte an alle europäischen Mächte außer Frankreich. Man nannte ihn den **Kanonenkönig.** Krupp behandelte seiner Arbeiter nach patriarchalischen Prinzipien: Er verlangte absoluten Gehorsam und Disziplin, gewährte ihnen aber auch an Wohlverhalten und Betriebszugehörigkeit geknüpfte Sozialleistungen wie günstige Betriebswohnungen, Krankenversicherung und betriebliche Altersversorgung.

Die **volkswirtschaftliche Bedeutung des Eisenbahnbaus** lässt sich an einigen Zahlen verdeutlichen: In den 1840er-Jahren galten 20–30 % der gesamten jährlichen Investitionen den Eisenbahnen, in den folgenden Jahrzehnten immerhin noch 15–20 %. Die Zuwachsraten der Eisenbahnproduktion betrugen zwischen 1852 und 1874 stolze 14 % pro Jahr. Mehr als die Hälfte der deutschen Eisenerzeugung diente dem Eisenbahnbau. Zwischen 1840 und 1871 verzehnfachte sich im Bereich des Zollvereins der Ausstoß der Hüttenwerke. Und die deutsche Steinkohleproduktion stieg zwischen 1835 und 1871 von zwei auf 30 Millionen Tonnen. Rund 30 % der geförderten Steinkohle wurden bei der Eisenverhüttung verbraucht, ein weiterer großer Teil wurde in den Lokomotiven verfeuert.

Banken und Aktiengesellschaften

Der zum Aufbau der Industrie benötigte erhöhte Kapitalbedarf erforderte auch neue Finanzierungsmodelle. Die alten Privatbanken und selbst erfolgreiche Unternehmer konnten die riesigen Investitionen für komplizierte Hütten- und Walzwerke oder den Ausbau neuer Eisenbahnstrecken kaum noch aus eigener Kraft aufbringen. Damals entstanden zwei neue Finanz- bzw. Geschäftsinstitutionen, die das vorhandene Kapital mobilisierten und bündelten und so große Geldsummen aufbringen konnten.

- **Aktienbanken:** Neben die Privatbanken traten jetzt finanzkräftigere Geldinstitute, die das Kapital vieler Anleger gegen Ausgabe von Anteilscheinen (Aktien) einsammelten und es der Wirtschaft als Kredit zur Verfügung stellten. Auf diese Weise konnte sich jedermann am Geldmarkt beteiligen und von den erhofften Gewinnen der Banken durch Gewinnausschüttungen (Dividenden) profitieren. Vor allem in der sog. Gründerzeit ab 1870 wurden einige Großbanken als Aktiengesellschaften gegründet, die bis in unser Jahrhundert hinein Bestand hatten: die Deutsche Bank in Berlin (1870), die Commerz- und Discontobank in Hamburg (1870) und die Dresdner Bank in Dresden (1872). Von Aktienbanken dieser Art stammte der Großteil der Investitionen für den Eisenbahnbau. Die schon länger existierenden kommunalen Sparkassen, bei denen der „Normalbürger" seine Ersparnisse anlegte, finanzierten dagegen eher das mittelständische Handwerk und Gewerbe.
- **Aktiengesellschaften:** Große Industrieunternehmen entstanden jetzt auch direkt auf Aktienbasis. Anteilseigner hafteten nur mit ihrem Anlageanteil und nicht mit ihrem Privatvermögen. Die Anteilscheine konnten an Wertpapierbörsen gekauft und verkauft werden. Dabei winkten bei wirtschaftlichem Erfolg der Firma nicht nur Dividenden, sondern auch kräftige Kursgewinne. Und da der Eisenbahnbau und die Schwerindustrie glänzende Perspektiven boten, floss reichlich Investitionskapital in die Kassen der Großbanken und Aktiengesellschaften.

3.2.4 Deutschlands Aufstieg zum Industriestaat

Der seit 1850 von der Industrialisierung getragene Wirtschaftsaufschwung gipfelte während der sog. **Gründerzeit** von 1871 bis 1873 in einem regelrechten Boom **(Gründerboom)**. Nach dem Deutsch-Französischen Krieg und der Reichsgründung erwarteten Bankiers, Unternehmer und Börsenspekulanten eine kräftige Zunahme der wirtschaftlichen Dynamik, nicht zuletzt in Erwartung der immensen Summen, die Frankreich als **Kriegsentschädigung** an das Deutsche Reich zu zahlen hatte und die nun auf den deutschen Kapitalmarkt flossen. Jeder wollte an den zu erwartenden Gewinnen teilhaben. Zwischen 1870 und 1873 wurden 857 neue Aktiengesellschaften mit einem Gesamtanlagekapital gegründet, das höher lag als das aller Investitionen in den Jahrzehnten zuvor. Aktien fanden zu immer höheren Preisen reißenden Absatz und es entstand eine regelrechte Spekulationsblase. Das zügellose Spekulationsfieber endete abrupt im Frühsommer 1873: Der Zusammenbruch einer österreichischen Bank löste eine weltweite **Banken-, Börsen- und Wirtschaftskrise** aus, in Deutschland gingen fast 70 % der gerade neu gegründeten Geldinstitute und etwa die Hälfte der neuen Aktiengesellschaften wieder bankrott. Die Nachfrage sank, die Kaufkraft nahm ab, der Konsum war rückläufig und die Investitionen gingen zurück. Folgende Faktoren verursachten die **Gründerkrise:**

- Aufbau von **Überkapazitäten** und **Überproduktion** vor allem in der Investitionsgüterindustrie während der Boomphase, infolgedessen Absatzschwierigkeiten, Preisverfall und sinkende Profite;
- **Spekulationsgeschäfte** und Überbewertung von Aktien;
- **unseriöse Finanzierungspraktiken** der Banken, die langfristige Investitionen, z. B. im Eisenbahnbau, in der Hoffnung auf ständigen Kapitalnachschub mit kurzfristig angelegten Geldern finanzierten, infolgedessen massive Zahlungsschwierigkeiten bei Rückforderung der angelegten Kapitalien.

Chronologie	Deutschlands Aufstieg zum Industriestaat
1807/10	Aufhebung der Leibeigenschaft und Einführung der Gewerbefreiheit in Preußen
1834	Gründung des Deutschen Zollvereins: Schaffung eines großen innerdeutschen Binnenmarkts
1835	Verkehr der ersten deutschen Eisenbahn
um 1850	Beginn der großen Industrialisierung mit den Leitindustrien Eisenbahnbau, Schwerindustrie und Maschinenbau
1871–73	Gründerzeit: Höhepunkt des Wirtschaftsbooms mit Aktienspekulationen und wachsender Überproduktion
1873–95	Gründerkrise und wirtschaftliche Depressionsphase
ab 1890	Beginn der industriellen Nutzung des Elektromotors
ab 1895	Beginn eines neuen Wirtschaftsbooms (bis 1914)

Wirtschaftliche Stagnation

Die Jahre zwischen 1873 und dem Beginn einer erneuten Aufschwungphase ab etwa 1895 wurden von den Zeitgenossen nach der langen Phase der Hochkonjunktur als wirtschaftlicher Niedergang oder allenfalls als Stagnation empfunden. Doch faktisch wuchs ab 1879 die Wirtschaft wieder, allerdings erheblich langsamer als bisher und begleitet von konjunkturellen Schwankungen. Die trotzdem weitverbreitete Krisenstimmung hatte erhebliche politische und gesellschaftliche Auswirkungen:

- Übergang vom Freihandel zur protektionistischen **Schutzzollpolitik** gegen ausländische Konkurrenz;

- Erwerb von **Kolonien** als überseeische Absatz- und Investitionsgebiete zur Belebung des Außenhandels, als Prestigeobjekte zur Ablenkung von sozialen Spannungen im Inneren und als Siedlungsziele für überschüssige Arbeitskräfte;
- Wiedererstarken des **Antisemitismus,** der die Juden zum Sündenbock für die krisenhaften Begleiterscheinungen der modernen Industriegesellschaft machte.

Basiswissen **Konjunktur**

Als Konjunktur bezeichnet man regelmäßig wiederkehrende Stufen oder **Zyklen der wirtschaftlichen Entwicklung.** Meist benutzt man ein **Vier-Stufen-Modell: Aufschwung** (Anstieg von Aufträgen und Produktion, Sinken der Arbeitslosigkeit, mäßige Preissteigerungen); **Hochkonjunktur/Boom** (Auslastung der Kapazitäten, Vollbeschäftigung, steigende Löhne und Preise, Tendenz zur Überproduktion); **Rezession** (Rückgang von Nachfrage, Produktion und Investitionen, Entlassungen und Kurzarbeit, sinkende Löhne und Preise); **Depression** (lang anhaltende Rezession, verbunden mit Strukturkrisen, hoher Arbeitslosigkeit, niedrigem Lohn- und Preisniveau, Fall der Börsenkurse).

Elektro- und Chemieindustrie als neue Leitindustrien

Das allmählich wieder zunehmende Wirtschaftswachstum der letzten Jahrzehnte des 19. Jahrhunderts beruhte zwar auch auf den klassischen schwerindustriellen Bereichen sowie dem **Maschinenbau** und dem expandierenden **Wohnungsbau** für die massenhaft in die Städte ziehenden Menschen. Besonders dynamisch zeigten sich aber zwei neue Industriezweige, die sich nun zunehmend als konjunktureller Motor erwiesen, die **Elektro- und die Chemieindustrie.** Waren bisher die entscheidenden technischen Neuerungen aus dem Ausland importiert worden, so änderte sich die Lage, als die bildungspolitischen Bemühungen des Staates Früchte trugen und immer mehr gut ausgebildete Techniker und Ingenieure in die Konstruktionsbüros und Labore einzogen. Deutschland rückte nun an die Spitze des technischen Fortschritts.

- **Elektroindustrie:** Vor allem zwei umwälzende Neuerungen veränderten das Leben der Menschen ungemein. Die **Dynamomaschine,** die Werner von Siemens (1816–92) 1866 erfand, ermöglichte es, Elektrizität als Energiequelle zu nutzen und somit Elektromotoren zu bauen. Den Amerikaner Thomas Alva Edison (1847–1931) entwickelte 1879 die **Glühlampe** und eröffnete dadurch für die Beleuchtung von Städten und Wohnungen völlig neue Perspektiven. In den Bereichen der modernen Elektro- und Beleuchtungstechnik avancierten **zwei deutsche Unternehmen zu Weltmarktführern,** die 1847 von Werner Siemens gegründete Firma und die zur Nutzung der edisonschen Patente von Emil Rathenau (1838 bis 1915) 1887 ins Leben gerufene Allgemeine Elektrizitäts-Gesellschaft (AEG). Besonders das rasche Wachstum der Städte beflügelte die Nachfrage nach elektrotechnischen Produkten, so z.B. nach Straßen- und Wohnungsbeleuchtung, nach Straßenbahnen sowie nach Elektromotoren für den Einsatz in der Industrie, aber auch im Handwerk und in Haushaltsgeräten. Städtische Elektrizitätswerke und Stromleitungsnetze erzeugten und verbreiteten die dafür benötigte Energie.

- **Chemieindustrie:** Die Nutzung des bei der Koksherstellung abfallenden Teers stand am Anfang der chemischen Industrie. Die **Teerchemie** bildete die Ausgangsbasis von zwei zukunftsträchtigen Produktlinien – der Herstellung von künstlichen Farben und von synthetischen Arzneimitteln. Hier wurden deutsche Unternehmen rasch führend, weil sie als erste in firmeneigenen Labors eine systematische wissenschaftliche Industrieforschung betrieben und dabei akademisch geschulte Chemiker und fachlich gut ausgebildete Mitarbeiter beschäftigten. Nach ihren Anfängen in den 1860er-Jahren expandierte die **deutsche Chemieindustrie** zügig und stieg rasch zum **Weltmarktführer** auf. Bereits 1877 kam die Hälfte aller weltweit verbrauchten künstlichen Farbstoffe aus Deutschland. Und auch die deutsche **pharmazeutische Industrie** begann einen internationalen Siegeszug. Aus den Keimzellen damals gegründeter kleiner Farbenfabriken entwickelten sich etliche heute noch existierende Firmen von Weltgeltung, z. B. Bayer und Farbwerke Hoechst (1863) sowie die Badische Anilin & Soda-Fabrik (BASF, 1865).

3

Bildung von Konzernen und Kartellen

Gegen Ende des Jahrhunderts setzten in der deutschen Industriewirtschaft unter dem Druck des internationalen Wettbewerbs Konzentrationsprozesse ein. Die Größe der Firmen wuchs und es bildeten sich Konzerne und Kartelle. Besonders hohe Konzentrationsgrade wiesen die Grundstoffindustrie (Kohle-, Eisenerz- und Kalibergbau) und die Eisen- und Stahlindustrie auf. Das bedeutendste Kartell war das 1893 gegründete **Rheinisch-Westfälische Kohlensyndikat,** in dem sich die Zechenbesitzer des Ruhrgebiets zusammenschlossen, um Fördermengen, Preise und Absatz einvernehmlich zu regeln. Auf diese Weise beherrschte das Syndikat mit 80 % Marktanteil den Markt faktisch wie ein Monopol.

Basiswissen Konzern – Kartell – Monopol/Oligopol

- **Konzern:** In einem Konzern werden verschiedene rechtlich selbstständige Unternehmen zu einer wirtschaftlichen Einheit zusammengeschlossen. Man unterscheidet vertikale Konzerne (Zusammenfassung von Rohstoffförderung, Weiterverarbeitung und Vertrieb des Fertigprodukts unter einem Dach), horizontale Konzerne (Zusammenschluss verschiedener Firmen derselben Branche) und Mischkonzerne (Zusammenschluss von Firmen verschiedener Branchen).
- **Kartell:** Das sind mehr oder weniger formelle Absprachen zwischen selbstständigen Unternehmen zur Beschränkung des Wettbewerbs, z. B. Preiskartelle, Produktions- und Mengenkartelle, Kartelle zur Abgrenzung von Absatzgebieten.
- **Monopol/Oligopol**: Ein oder wenige Unternehmen haben eine marktbeherrschende Stellung, sodass es faktisch keinen Wettbewerb gibt.

In den beiden Jahrzehnten vor dem Ersten Weltkrieg hatte sich Deutschland endgültig **vom Agrarstaat zum Industriestaat** gewandelt. Die Industrie war der dominierende Wirtschaftsbereich. Im internationalen Vergleich der Industriewirtschaften lag das Kaiserreich mit Großbritannien und den USA an der Spitze.

3.3 Die soziale Frage

Die Industrialisierung und die gesellschaftlichen Reformen nach der Französischen Revolution brachten neben langfristig positiven Effekten zunächst einmal auch erhebliche Erschwernisse für die materielle Lage der Bevölkerung mit sich: Die maschinelle Konkurrenz vernichtete das Heimgewerbe, immer mehr Handwerker waren unterbeschäftigt, die Landbevölkerung nahm nach der Bauernbefreiung stark zu und suchte nach Arbeit. Gleichzeitig fiel das patriarchalische Unterstützungssystem der feudalen Gesellschaft weg, ohne dass sofort ein neues soziales Netz gespannt wurde. Die Zeitgenossen standen plötzlich vor dem neuen Phänomen des **Pauperismus,** der Massenarmut; und zwar einer Armut trotz intensiver und anstrengender Arbeit. Die Begleiterscheinungen dieses Elends der Arbeiterbevölkerung wie z. B. miserable Wohnverhältnisse, Mangelernährung, Krankheit und Verwahrlosung der Jugend riefen den Gesetzgeber, die Kirchen, sozialkritische Zeitgenossen und auch manchen verantwortungsvollen Unternehmer auf den Plan.

3.3.1 Kennzeichen der sozialen Frage

Durch die Industrialisierung entstand eine neue soziale Klasse, die **Fabrikarbeiterschaft** bzw. das sog. **Proletariat.** Proletarier waren nach Karl Marx (1818–83) freie Arbeitskräfte, die über keine eigenen Produktionsmittel verfügten und nichts als ihre Arbeitskraft zu verkaufen hatten. Diese lebten mit ihren Familien in der Stadt, arbeiteten unter hohen Belastungen in mechanischen Produktionsbetrieben und fristeten ihr Dasein hart an der Grenze des Existenzminimums.

Arbeitsbedingungen in den Fabriken

- **Lange Arbeitszeiten:** Zunächst waren bis zu 17 Stunden täglich an sechs Wochentagen üblich, danach sank die tägliche Arbeitszeit allmählich, um 1910 lag sie bei etwa neun Stunden pro Tag; es gab keinen bezahlten Urlaub und oft mussten weite Wege zum Arbeitsplatz zurückgelegt werden.
- **Kein Arbeitsschutz:** Die Arbeitskräfte waren Lärm, Hitze, Kälte, Staub, Gestank und gefährlichen Dämpfen meist ungeschützt ausgesetzt, Arbeitsschutzmaßnahmen gab es kaum, daher passierten viele Arbeitsunfälle, für die es – wie auch im Krankheitsfall – in der Regel keine Entschädigung gab.
- **Strenge Zeit- und Verhaltensdisziplin:** Die Arbeitszeiten waren an die Rhythmen der Maschinen angepasst und wurden streng kontrolliert, Fabrikordnungen dienten der Disziplinierung der Beschäftigten, es gab keine Mitbestimmung, keinen Kündigungsschutz und keine Kündigungsfristen.
- **Niedrige Einkommen:** Vor allem in der Frühphase der Industrialisierung, als das Angebot an Arbeitskräften die Nachfrage überstieg, war das Lohnniveau niedrig. Ein Niedriglohnsektor war die Textilindustrie, in der Schwerindustrie, im Bergbau und im Druckereigewerbe wurde besser bezahlt. Ab 1870 stiegen die Löhne in der Industrie real an. Mangels gesetzlicher Altersvorsorge war Altersarmut verbreitet.

- **Frauen- und Kinderarbeit:** Frauen (Textilindustrie) und Kinder (Textilindustrie und Bergbau) wurden für weniger qualifizierte und schlechter bezahlte Arbeiten ohne Rücksicht auf die Gesundheit und körperliche Beschaffenheit eingesetzt.

Basiswissen Pauperismus

Der in der ersten Hälfte des 19. Jahrhunderts aufgekommene Begriff Pauperismus bezeichnete eine neue Form der Armut. Bis dahin war Armut entweder ein individuelles Problem, das auf Krankheit, Alter, familiärer Lage oder moralischen Mängeln (z. B. Faulheit) beruhte, oder eine allgemeine auf Seuchen, Naturkatastrophen oder Krieg folgende Notlage. Unter Pauperismus dagegen verstand man die **Massenarmut** infolge der **wirtschaftlichen und gesellschaftlichen Umwälzungen der Industriellen Revolution,** die besonders in deren Frühphase auftrat. Trotz sehr anstrengender Arbeit und trotz Beteiligung von Frauen und Kindern war es vielen Familien kaum möglich, für ihr Auskommen zu sorgen.

Die **Wohnbedingungen** der Industriearbeiterschaft im 19. Jahrhundert waren gekennzeichnet durch:

- Mietskasernen in den überfüllten Städten,
- oft brechend volle Einraum- oder Kellerwohnungen,
- miserable und ungesunde hygienische Verhältnisse,
- „Schlafgängertum" (Vermietung von Betten an alleinstehende Arbeiter/innen).

Welche Folgen diese Lebensverhältnisse besonders für Kinder und Jugendliche hatten, beschrieb der Publizist Wilhelm Wolff (1809–64) in einer 1843 veröffentlichten aufrüttelnden Reportage aus dem Breslauer Armenasyl:

Die ungesunde Atmosphäre der Stuben, die Wasch- und Trockenplatz zugleich und außerdem von 9 bis 13 Kindern nebst 5 bis 7 Erwachsenen bewohnt sind, sowie die schlechte Nahrung können nicht anders als nachteilig auf die Entwicklung des jugendlichen Körpers, die aus der Armut entspringende Rohheit, Unwissenheit und Verdorbenheit, nicht anders als verderblich durch Wort und Tat auf das junge Herz und Gemüt einwirken. In jener Ecke sitzen ein Knabe und ein Mädchen; sie haben ihre Mutter verloren; der Vater, ein Tagearbeiter, dem Trunke ergeben, kümmert sich nicht um sie. Beide Geschwister sind von Ungeziefer überschüttet; der eine ist barfuß, die andere ohne Hemd; das Wenige, was sie um sich haben, sind Fetzen. Sie sind 8 und 10 Jahre alt; da für sie [...] niemand sorgt, so gehen sie betteln; sie werden auch stehlen! Vielleicht oder vielmehr wahrscheinlich. Das winkende Ziel ist das Zuchthaus; für das Mädchen vorher noch die Prostitution.

Differenzierung und langsame Besserstellung der Arbeiterklasse

Nach dem dynamischen wirtschaftlichen Aufschwung in den 1860er-Jahren und der Gründung des Deutschen Reichs 1871 wuchs die Zahl der Industriearbeiterschaft stark an. Die Arbeiterklasse differenzierte sich allmählich nach Ausbildung (Fach- und Hilfsarbeiter) und Herkunft (Stadt, Land, Binnenwanderung), Arbeitsplatz (Groß- oder Kleinbetrieb, moderne oder traditionelle Gewerbezweige), Geschlecht (Männer- und Frauenarbeit) und Mobilität (Saison- und Wanderarbeiter, Aufsteiger). Ihre Arbeits- und Lebensbedingungen verbesserten sich langsam (Rückgang der Wochenarbeitszeit, Anstieg der Reallöhne). Das Arbeiterleben blieb jedoch weiterhin durch Krankheit, Alter oder Unfall von Armut bedroht. Zahlreiche Arbeiter schlossen sich in eigenen Kultur- und Sportvereinen zusammen.

Stellung zum Staat

Das Verhältnis der Arbeiterschaft zum Staat blieb meist distanziert. Polizei, Militär, Gericht oder Verwaltung erlebten die Arbeiter meist als repressive Repräsentanten der bürgerlichen Ordnung. Klassenwahlrechte in Ländern und Gemeinden hielten sie von politischer Mitbestimmung fern. Vor allem aber prägte die Leidenszeit der Verfolgung und Ächtung während der Zeit des Sozialistengesetzes (1878–90; vgl. Kap. 3.3.2) das Bild des harten Obrigkeitsstaats, der als Instrument der herrschenden Klasse galt und die klassenbewussten Arbeiter als **vaterlandslose Gesellen** ausgrenzte. Diese fehlende Integration in die Gesellschaft des Kaiserreichs festigte gleichzeitig den inneren Zusammenhalt der Arbeiterschaft.

3.3.2 Arbeiterbewegung

Die ab den 30er-Jahren des 19. Jahrhunderts entstehende deutsche Arbeiterbewegung hatte zwei Flügel:

- die **Gewerkschaften,** die sich aus traditionellen Gesellen- und Handwerkerverbrüderungen entwickelt haben, und die
- politischen **Arbeiterparteien,** die sich ab 1863 bildeten.

Anfänge der Arbeiterbewegung

Die Industrialisierung in Deutschland war von Anfang an von Protest- und Widerstandsaktionen begleitet: Handwerker wehrten sich gegen die für sie existenzbedrohende maschinelle Konkurrenz und die Fabrikarbeiterschaft gegen die miserablen Arbeits- und Lohnbedingungen in den Betrieben. Da in Deutschland organisatorische Zusammenschlüsse (Koalitionen) aus Furcht vor revolutionärem Aufruhr verboten waren, bildeten im Ausland gegründete Vereine deutscher Handwerker – anfänglich gab es noch keine klare Abgrenzung zwischen Handwerkern und Fabrikarbeitern – die Keimzellen der deutschen Arbeiterbewegung. Der erste dieser Vereine war der 1832 in Paris gegründete **Deutsche Volksverein,** in dem sich Handwerker und ins Exil geflüchtete demokratische Intellektuelle zusammenfanden. Als die französische Regierung den Verein verbot, trat der frühsozialistische Geheimbund **Bund der Geächteten** (1834, 1836/37 Abspaltung des **Bunds der Gerechten,** ab 1847 **Bund der Kommunisten**) an dessen Stelle. Weitere Zentren der frühen Arbeiterbewegung waren London und die Schweiz (Geheimbund **Junges Deutschland**). Gemeinsam war diesen Exilvereinen, dass sie Teil der liberaldemokratischen Protestbewegung des Vormärz waren und primär politische Forderungen erhoben. Die zur gleichen Zeit in Deutschland entstehenden reinen **Handwerkervereine** dagegen waren eher unpolitisch und knüpften an die seit dem Mittelalter bekannten Gesellenbruderschaften an. Sie konzentrierten sich auf gegenseitige Hilfe in Notlagen (Unterstützungskassen), auf Aufklärungs- und Bildungsarbeit sowie auf gemeinsame Geselligkeit, um das Koalitionsverbot zu umgehen.

Während der Revolution von 1848/49 schlossen sich mehr als 170 deutsche Arbeitervereine mit rund 15 000 Mitgliedern zur **Allgemeinen deutsche Arbeiterverbrüderung** zusammen. Die organisatorische Leitung übernahm der Buchdrucker Stefan Born (1824–98), der während seiner Wanderschaft im Ausland Karl Marx und Friedrich Engels (1820–95) kennengelernt hatte. Die Arbeiterverbrüderung forderte von der Frankfurter Nationalversammlung u. a. die Festlegung von Mindestlöhnen und

Höchstarbeitszeiten, die Einführung einer progressiven Einkommensteuer, die Einrichtung von Staatsbetrieben und Musterwerkstätten sowie Koalitionsfreiheit und kostenlose Schulbildung. Doch nach der Niederlage der Revolution löste sich die Arbeiterverbrüderung unter staatlichem Verbotsdruck wieder auf. Als in den 1860er-Jahren die Repression nachließ, bildeten sich bald neue Vereine, die sich vorerst auf Unterstützung, Bildung und kulturelle Tätigkeiten konzentrierten, politische Ziele aber nicht aus dem Auge verloren.

Basiswissen **Koalitionsfreiheit/Koalitionsverbot**

Unter **Koalitionsfreiheit** versteht man das Recht, Vereinigungen zur Beeinflussung der unmittelbaren Arbeitsbedingungen (Arbeitszeit, Löhne und Kündigungsmodalitäten) und der wirtschafts- und sozialpolitischen Rahmenbedingungen (z. B. staatliche Sozialleistungen, Wirtschaftsförderung) zu bilden. Derartige Koalitionen waren den Arbeitern im Deutschen Bund verboten. **Hilfs-, Bildungs- und Kulturzusammenschlüsse** dagegen waren erlaubt. Daher fand das Vereinsleben der Arbeiterbewegung zunächst in einem scheinbar unpolitischen Rahmen statt. Ein Kernpunkt der frühen Arbeiterbewegung blieb jedoch die Forderung nach Koalitionsfreiheit, um die eigenen Interessen gegenüber den Arbeitgebern und dem Staat besser vertreten zu können. 1861 fiel das Koalitionsverbot in Sachsen, 1869 im Norddeutschen Bund und dann auch im Deutschen Reich. Heute ist das Koalitionsrecht von Arbeitnehmern und Arbeitgebern unbestritten.

Entstehung und Ziele der Gewerkschaften

In der zweiten Hälfte des 19. Jahrhunderts nahmen mit der Industrialisierung auch die Arbeitskämpfe zu. Dabei standen die Arbeiter nicht nur in Konfrontation zu den Fabrikherren, sondern auch zu den staatlichen Instanzen, die einen politischen Umsturz befürchteten. Umso wichtiger waren ein fester organisatorischer Zusammenhalt der Arbeiterschaft, ihre interessenbezogene Schulung und die Einrichtung von Streikkassen. Zunächst organisierten sich die Arbeiter bestimmter **Berufsgruppen** in **Fachverbänden,** z. B. die Zigarrenarbeiter und die Drucker bereits 1848/49. Später kamen Verbände der Textil- und Metallarbeiter und weiterer Facharbeiter hinzu. Die anfangs lokalen und regionalen Gruppierungen konnten sich nach der Reichsgründung und der allgemeinen Aufhebung des Koalitionsverbots zu landesweiten **Berufsgewerkschaften** zusammenschließen. Die verschiedenen gewerkschaftlichen Fachverbände wiederum schlossen sich bestimmten **Richtungsgewerkschaften** an,

- meist den **freien oder sozialistischen Gewerkschaften,** die eng mit den gleichzeitig entstehenden Arbeiterparteien zusammenarbeiteten,
- weniger den **christlichen Gewerkschaften,** die im Geist der christlichen Soziallehre einen Ausgleich mit den Fabrikherren suchten,
- noch weniger den **Hirsch-Dunckerschen Gewerkvereinen,** die von zwei liberalen Politikern ins Leben gerufen worden waren und weniger auf Klassenkampf als auf Kooperation mit den Arbeitgebern und Selbsthilfe setzten.

Die verschiedenen Gewerkschaften unterschieden sich vor allem in den Aktionsformen, weniger in ihren Motiven und Zielen.

- **Motive und Nahziele:** Gegenseitige Hilfe in Notzeiten und bei Streiks; Verbesserung der Arbeitsbedingungen (Arbeitszeit, Löhne, Arbeitsschutz u.Ä.) und Lebensbedingungen der Arbeiter (Sozialgesetzgebung, Verbesserung der Wohnverhältnisse, Maßnahmen gegen die Verwahrlosung der Jugend), Erhöhung der Aufstiegschancen ihrer Mitglieder durch Bildungsangebote.
- **Aktionsformen (vor allem der freien Gewerkschaften):** Zusammenschluss von organisierten Interessenverbänden der Lohnarbeiterschaft; Zusammenarbeit mit den Arbeiterparteien; Verhandlungen mit den Fabrikherren; **Streiks** zur Durchsetzung von Forderungen, dazu Einrichtung von Streik- und Unterstützungskassen.
- **Fernziele:** Allmähliche Verbesserung der Arbeits- und Lebensverhältnisse der Arbeiterschaft, Anerkennung als gleichberechtigte Partner.

Biografie **Karl Marx**

Der Geschichtsphilosoph und Politökonom Karl Marx arbeitete nach dem Studium von Philosophie und Geschichte zunächst als Redakteur bei der oppositionellen „Rheinischen Zeitung" in Köln (1842/43). Nachdem die Zensur die Zeitung verboten hatte, ging er nach Paris. Dort beschäftigte er sich mit ökonomischen Theorien und frühsozialistischen Schriften. Nach mehrmaligen Ausweisungen und Zwischenstationen in Brüssel und Köln lebte er schließlich von 1849 an bis zu seinem Lebensende in London, wo er und seine Familie von seinem Freund Friedrich Engels finanziell unterstützt wurden. Beide veröffentlichten 1848 das **Kommunistische Manifest.** In seinem Hauptwerk **Das Kapital** (1867–95) analysierte Marx die Ökonomie des Kapitalismus. Mit seinen kapitalismuskritischen und geschichtstheoretischen Schriften gilt Marx zusammen mit Engels als Begründer von Sozialismus und Kommunismus.

Entstehung und Entwicklung der Arbeiterparteien

Während sich die Gewerkschaften primär auf die Verbesserung der Arbeits- und Lebensbedingungen ihrer Mitglieder konzentrierten, ging es den in den 1860er-Jahren entstehenden Arbeiterparteien darüber hinaus auch um eine **politische Umgestaltung von Staat und Gesellschaft** nach Prinzipien, die sie aus den Schriften von Karl Marx und Friedrich Engels ableiteten und die eine sozialistische Gesellschaft zum Ziel hatten. Anfangs gab es zwei Arbeiterparteien, die für zwei unterschiedliche politische Richtungen standen:

- Der von Ferdinand Lassalle (1825–64) 1863 gegründete **Allgemeine Deutsche Arbeiterverein (ADAV)** forderte das allgemeine und gleiche Wahlrecht (für Männer) sowie Hilfe für die Arbeiter durch **staatliche Reformen.** Er zielte auf die Einrichtung staatlich geförderter Produktivgenossenschaften der Arbeiter, durch die diese zu eigenen Unternehmern werden konnten.
- Die von August Bebel (1840–1913) und Wilhelm Liebknecht (1826–1900) 1869 gegründete **Sozialdemokratische Arbeiterpartei (SDAP)** zeichnete sich durch eine marxistische und internationale Orientierung aus und wollte durch einen **revo-**

lutionären Umsturz der gesellschaftlichen Verhältnisse und den **Aufbau des Sozialismus** die Klassengegensätze überwinden und die Lage des Proletariats verbessern.

Der mit einer Feuerfackel bewaffnete Sozialismus als Zukunftsvision des Proletariats (Grafik „Der Sozialismus bringt Hoffnung für das vom Vampir [Kapitalismus] ausgesaugte Proletariat" von Walter Crane; um 1890)

3

Basiswissen **Marxistische Geschichts- und Gesellschaftstheorie**

Nach der von Karl Marx und Friedrich Engels formulierten Geschichtstheorie läuft die Geschichte nach bestimmten Gesetzen ab. Diese lauten:

- Die Geschichte ist eine **Abfolge von Klassenkämpfen,** bestimmt durch die Verfügungsgewalt über die **Produktionsmittel** (Land, Arbeitsgeräte, Maschinen, Kapital) und die damit verbundene **Ausbeutung.**
- Im Ablauf der verschiedenen **Gesellschaftsformationen** (Urgesellschaft, antike Sklavenhaltergesellschaft, mittelalterliche Feudalgesellschaft und bürgerlich-kapitalistische Gesellschaft) gab es immer die Klasse der Ausbeuter, die über die Produktionsmittel verfügten, und die Klasse der Ausgebeuteten (Sklaven, abhängige Bauern, Arbeiter bzw. Proletarier), die nur ihre Arbeitskraft besaßen.
- Die **Entwicklung der Produktivkräfte** (Werkzeuge, Maschinen) und die ständige **Ausbeutung** führen immer wieder zu Spannungen zwischen den beiden Klassen.
- Diese entladen sich in einer **Revolution,** welche die bisher unterdrückte Klasse an die Macht bringt, die eine neue Gesellschaftsordnung etabliert.
- Das Industriezeitalter wird durch den Gegensatz zwischen **Bourgeoisie** und **Proletariat** bestimmt.
- Mithilfe einer **sozialistischen Revolution** müssen die Proletarier in den Besitz der Produktionsmittel gelangen und die Macht im Staat übernehmen.
- Die Gesellschaft entwickelt sich nach und nach zur **klassenlosen Gesellschaft,** wobei der Staat gleichzeitig abstirbt.

Weitere Entwicklung der Arbeiterparteien

1875 schlossen sich ADAV und SDAP zur **Sozialistischen Arbeiterpartei Deutschlands (SAPD)** zusammen. Ihr Programm bestand aus einer Mischung von marxistischem Gedankengut (Enteignung der Produktionsmittel, Errichtung einer sozialistischen Gesellschaft), reformerischen Ideen Lassalles (Wahlrecht, Verzicht auf Gewalt) und liberalen Forderungen (kostenlose Schulpflicht, Abschaffung von Ausnahmegesetzen u. Ä.).

Zwischen 1878 und 1890 waren Parteiorganisation und -presse der SAPD durch das vom Reichstag beschlossene **Sozialistengesetz** verboten. Unter dem Druck von Verfolgungen und Verhaftungen wuchs der Zusammenhalt der organisierten Arbeiterschaft. Gleichzeitig konnte die Partei trotz starker Unterdrückung zunehmende Wahlerfolge verzeichnen (Teilnahme an Wahlen war möglich). Nach dem Ende der Verfolgung wuchsen Mitglieder- und Wählerzahlen rasch an. Bei den Reichstagswahlen von 1912 wurde die 1890 in SPD umbenannte Partei die stärkste Kraft.

3.3.3 Sozialpolitische Maßnahmen des Staates

Einschränkung der Kinderarbeit

Schon früh regte sich angesichts des weitverbreiteten Kinderelends in den Fabriken bei kritischen Beobachtern und aufgeklärten Beamten das soziale Gewissen. Kinderarbeit sei mit den moralischen Grundsätzen einer zivilisierten Gesellschaft nicht zu vereinbaren. Zwei weitere Motive kamen hinzu:

- die Sicherstellung einer ausreichenden **Schulbildung** für Jugendliche und
- die Erhaltung der Gesundheit junger Männer für den **Militärdienst.**

Beschwerden der Schulbehörden über mangelnden Schulbesuch von Heranwachsenden, die von morgens bis abends in Fabriken oder Bergwerken zu arbeiten gezwungen waren, häuften sich. Dazu kamen alarmierende Klagen der Militärdienststellen über den desolaten körperlichen Zustand potenzieller Rekruten. Deshalb wurde zunächst in Preußen, bald darauf auch in anderen Bundesstaaten die Kinderarbeit per Gesetz eingeschränkt. Das **preußische Regulativ von 1839** enthielt:

- das Verbot der Kinderarbeit unter neun Jahren,
- die Einschränkung der Arbeitszeit für 9- bis 16-Jährige auf täglich zehn Stunden,
- außerdem das Verbot von Sonntags-, Feiertags- und Nachtarbeit und
- das Verbot der Beschäftigung von unter 16-Jährigen, die keine dreijährige Schulzeit mit entsprechender Grundbildung nachweisen konnten (Ausnahme Fabriken mit Fabrikschulen).

1853 wurde zudem Kinderarbeit unter zwölf Jahren verboten und Fabrikinspektoren wurden zur Kontrolle eingesetzt. Diese Regelungen galten auch im Kaiserreich. Kinderarbeit in der Landwirtschaft und im Hausgewerbe blieb jedoch weit verbreitet und war nur schwer zu reglementieren.

Neuregelung der kommunalen Armenfürsorge

Wachsende Freizügigkeit und gesellschaftliche Mobilität stellten die traditionell in den Händen der ursprünglichen Heimatgemeinden liegende kommunale Armenfürsorge vor große Probleme. Die alleinige Verpflichtung der Heimatgemeinde zur Unterstützung Bedürftiger ließ sich nicht mehr aufrechterhalten. Die Gemeinden verweigerten die Aufnahme von verarmten Rückkehrern aus der Stadt, Städte lehnten die Gewährung des Bürgerrechts für Arbeit suchende Fremde ab, um nicht zur Versorgung bei deren Verarmung herangezogen zu werden, und oft suchte man sich mit rücksichtsloser Abschiebung von Unterstützungsbedürftigen zu helfen. Mit zwei Gesetzen von 1842 schuf Preußen eine den Gegebenheiten Rechnung tragende Neuregelung:

- Jedermann erhielt das Recht auf **freie Wahl des Wohnsitzes.**
- Nach dreijährigem festem Aufenthalt hatten **Volljährige Anspruch** darauf, von der **Wohnsitzgemeinde unterstützt** zu werden.

Damit waren nicht mehr die Heimatgemeinden, sondern die Einwohnergemeinden zuständig für verarmte Mitmenschen – eine eindeutige Verbesserung für die Betroffenen, die bisher oft zwischen allen Stühlen gesessen hatten. Zum landesweiten Vorbild der kommunalen Armenfürsorge wurde das sog. **Elberfelder System** von 1852. Die Armenverwaltung wurde dezentralisiert und die gewählten Bezirksarmenpfleger arbeiteten ehrenamtlich. Je nach Arbeitsfähigkeit wurde die Unterstützung begrenzt oder verweigert. Die Armenhilfe bestand aus Sachleistungen zu Hause oder der Einweisung in eine Armenanstalt. Eine Instruktion für die Armenpfleger von 1864 machte die Aufgaben und Zielsetzung des Systems deutlich:

Den Arbeitslosen auf seine Arbeitskraft hinweisen und in den geeigneten Fällen ihm Hilfe leisten Behufs Erlangung von Arbeit: den unzureichend Verdienenden zu besserer Verwertung seiner Arbeitskraft anhalten und ihm nötigenfalls zu lohnenderer Arbeit verhelfen; der Ehefrau oder Witwe mit Ermahnung, Rath und Beistand zur Seite stehen, um sie in den Stand zu setzen, neben den Geschäften des Haushaltes und der Kinderpflege durch redlichen Erwerb aus häuslicher Arbeit das Geldbedürfnis des Unterhaltes ganz oder zum Teil selbst aufzubringen; den Arbeitsscheuen und Lasterhaften ermahnen, verwarnen und bei Fruchtlosigkeit zur Bestrafung nach den Landesgesetzen anzeigen – dies und anderes sind die Wege zu jenem Ziele.

Staatliche Sozialgesetzgebung

Die ersten staatlichen Sozialgesetze wurden auf Initiative Bismarcks in den 1880er-Jahren beschlossen. Sie waren einerseits Ausdruck einer nun verstärkt wahrgenommenen Fürsorgepflicht des Staates, standen aber andererseits auch im Zusammenhang mit dem gleichzeitig gültigen Sozialistengesetz. Bismarck wollte die Arbeiterschaft der SAPD abspenstig machen und sie mit dem Kaiserreich versöhnen. 1883/84 beschloss der Reichstag die Einführung einer **Kranken- und Unfallversicherung,** 1889 einer **Alters- und Invalidenversicherung.** Die Kennzeichen dieser für ihre Zeit fortschrittlichen Gesetze waren:

- Es waren Pflichtversicherungen, die einen Rechtsanspruch auf Versorgungsleistungen begründeten.
- Die Versicherungen waren staatliche bzw. öffentlich-rechtliche Einrichtungen.
- Versicherungsbeiträge wurden von Arbeitnehmern und Arbeitgebern geleistet; staatliche Zuschüsse ergänzten die Rentenversicherungen.

Die Sozialgesetze besserten die Lage der Arbeiter nur langsam. Krankheit, Unfälle, Alter und Invalidität waren nun nicht mehr rein privat zu tragende Risiken. Die Versicherungsleistungen waren allerdings anfangs noch dürftig, das soziale Netz noch recht schwach. Wichtig war vor allem die Krankenversicherung, die Heilbehandlungen und Arzneimittel trug und ein Krankengeld zahlte. Die Altersrenten, die nach Erreichung der Altersgrenze von 70 Jahren gezahlt wurden, waren anfangs noch sehr klein und die Rentner blieben auf familiäre Hilfe angewiesen. Die meisten Arbeiter erreichten die Altersgrenze erst gar nicht.

Chronologie	Soziale Frage und Arbeiterparteien
1839/53	**Einschränkung der Kinderarbeit** in Preußen
1842	**Neuregelung** von **Freizügigkeit** und **Armenpflege** in Preußen
1843	Preußische **Gewerbeordnung** mit ersten arbeitsrechtlichen Schutzbestimmungen (Kündigungsfristen, Arbeitszeiten) und Koalitions- und Streikverbot für Fabrikarbeiter
1863	Gründung des **Allgemeinen Deutschen Arbeitervereins** (ADAV)
1869	Gründung der marxistischen **Sozialdemokratischen Arbeiterpartei** (SDAP)
1875	Vereinigung von ADAV und SDAP zur **Sozialistischen Arbeiterpartei Deutschlands** (SAPD)
1878	**Sozialistengesetz:** Bis 1890 Verbot von Parteiorganisation und Presse der SAPD durch den Deutschen Reichstag
1880–92	Höhepunkt der **Auswanderungswelle**
1883/84	**Sozialversicherung:** Kranken- und Unfallversicherung
1889	**Sozialversicherung:** Alters- und Invalidenversicherung
1891	**Erfurter Programm der SPD:** Verbindung von marxistischer Theorie und pragmatischer Reformpolitik

3.3.4 Soziales Engagement der Kirchen

Die Kirchen nahmen sich aus drei Gründen des Massenelends der Arbeiterbevölkerung an:

- Traditionell verlangte es das christliche Gebot der **Nächstenliebe,** sich um Arme und Schwache zu kümmern.
- Die Kirchen schrieben sich den **Kampf gegen** die mit der sozialen Misere häufig verbundene **moralische Verwahrlosung** und die durch sozialistische Lehren drohende **Entchristlichung der Arbeiterklasse** auf die Fahnen. Sie hofften, damit den christlichen Glauben erneuern und vertiefen zu können.
- Besonders die protestantische Kirche wollte auch den **Erhalt der bestehenden Staatsordnung** gegen einen möglichen sozialen Umsturz sichern. Nach Luthers Lehre war die monarchische Ordnung eine von Gott eingesetzte Institution.

Protestantische Initiativen

Das protestantische Sozialengagement wurde vor allem von dem Hamburger Theologen und Pädagogen Johann Hinrich Wichern (1808–81) geprägt. Für ihn lag die Wurzel des Elends im Abfall vom christlichen Glauben; folgerichtig ging es ihm nicht nur darum, die äußere Not zu lindern, sondern noch mehr darum, die Menschen zum Christentum zurückzuführen und sie moralisch zu stabilisieren. 1833 gründete er in Hamburg das **Rauhe Haus,** eine Anstalt zur Rettung verwahrloster und schwer erziehbarer Kinder. Sie lebten dort mit Betreuern in einer Hausgemeinschaft, wo sie schulischen Unterricht und christliche Unterweisung erhielten, in Lehrwerkstätten arbeiteten und die Freizeit miteinander verbrachten, um danach gefestigt ins Arbeitsleben treten zu können. Auf Wichern geht auch die 1848 ins Leben gerufene **Innere Mission** der deutschen evangelischen Kirchen zurück (heute Diakonisches Werk). Als Antwort auf die soziale Frage sollten neben die äußere Mission (Heidenmission) die Wiedererweckung oder Vertiefung des Glaubens und das karitative Engagement im Innern des Landes treten.

Bedeutsam waren auch die von Friedrich von Bodelschwingh (1831–1910) im Rahmen der Inneren Mission ab 1872 geführten **Anstalten für körperlich und geistig behinderte Menschen** in Bethel bei Bielefeld und seine 1882 gegründeten **Arbeiterkolonien** für Obdachlose und Vagabunden.

Katholische Initiativen

Der katholische Priester Adolph Kolping (1813–65) hatte vor seinem Theologiestudium als Schuhmacher das Elend vieler Handwerksgesellen kennengelernt. Daher gründete er 1849 in Köln einen **Katholischen Gesellenverein.** In Vereinsheimen sollten unverheiratete Männer die Möglichkeit zur Geselligkeit, zur Weiterbildung und zum religiösen Unterricht erhalten. Schon bald entstanden nach diesem Vorbild weitere Vereine, die sich später zum **Kolpingwerk** zusammenschlossen.

Der Mainzer Erzbischof Emmanuel von Ketteler (1811–77) initiierte die Gründung **christlicher Arbeitervereine** und inspirierte die christliche Gewerkschaftsbewegung. Die Grundzüge der katholischen Soziallehre formulierte Papst Leo XIII. (1810–1903) in der **Enzyklika Rerum novarum** von 1891. Darin plädierte er einerseits für gerechte Löhne und das Koalitionsrecht der Arbeiter, andererseits betonte er gegen sozialistische Positionen die Pflichttreue bei der Arbeit, das Prinzip der Gewaltlosigkeit und das Recht auf Eigentum.

3.3.5 Patriarchalische Fürsorge von Unternehmern

Schon früh kümmerten sich auch einzelne Unternehmer um das Wohl ihrer Arbeiter. Dabei mischten sich **patriarchalisches Verantwortungsgefühl** und **christliche Nächstenliebe** mit einem klar erkennbaren **ökonomischen Interesse:** Arbeiter, denen es gut ging, waren stärker motiviert, erbrachten in der Regel bessere Leistungen, fühlten sich an den Betrieb gebunden und wechselten weniger den Arbeitsplatz. Für ihr soziales Engagement erwarteten die Unternehmer aber auch von ihren Arbeitern **Respekt** und **Gehorsam,** Treue gegenüber dem Betrieb und vor allem **Verzicht auf gewerkschaftliche oder politische Aktivitäten.**

- Ein typisches Beispiel war der Ruhrindustrielle Alfred Krupp. Er stellte für seine Arbeiter günstige Werkswohnungen bereit, die sie allerdings bei einem Wechsel des Arbeitsplatzes oder bei Kündigung wieder räumen mussten. Für die Jugendlichen richtete er Fabrikschulen ein. Außerdem gründete er Kranken-, Pensions- und Sterbekassen sowie – für ihn natürlich gewinnabwerfende – Konsumanstalten, wo die Arbeiterfamilien vergünstigt einkaufen konnten. Auf diese Weise schuf sich Krupp eine Stammbelegschaft, von der ein großer Teil meist loyal zum Chef stand und sich mit der Firma identifizierte. Um 1900 lebten 12 % aller Essener in Werkswohnungen von Krupp, die Fluktuation der Belegschaft lag bei nur 25 %. Die Konsumanstalten hatten sich bis 1913 zu einem Großbetrieb mit eigenen Bäckereien, Metzgereien u. Ä. entwickelt, der 1400 Menschen beschäftigte und einen Jahresumsatz von 40 Milionen Mark erzielte.

- Ähnlich wie Krupp verfuhr z. B. auch der Saarindustrielle Carl Ferdinand Stumm (1836–1901), der eine patriarchalische Haltung mit einer stramm konservativen und antisozialistischen Gesinnung verband.

3.3.6 Auswanderung als Ventil

Im Zeitraum vom Beginn der Industrialisierung bis zum Ersten Weltkrieg verließen mehr als fünf Millionen Deutsche das Land und suchten in Übersee, zu 90 % in den USA, eine neue Heimat. Meist gaben wirtschaftliche Gründe den Ausschlag. Anfangs waren es primär **Landbewohner, Kleinbauernfamilien,** Tagelöhner und Knechte, aber auch Kleingewerbetreibende und **Handwerkerfamilien,** die wegen des Überangebots an Arbeitskräften und der schlechten Erwerbsperspektiven zu Hause keine Chance sahen. Sie machten sich auf der Suche nach günstigem Farmland oder besseren Arbeitsmöglichkeiten auf den beschwerlichen Weg über den Atlantik. Außerdem flüchteten viele oppositionelle Demokraten nach der Niederlage der Revolution von 1848/49 ins liberale Amerika und machten dort nicht selten Karriere. Während der Konjunkturkrisen der Kaiserzeit wanderten dann auch viele arbeitslose **Industriearbeiter** oder **Dienstmädchen** und **Handwerksgesellen** aus. Im Verlauf der Jahrzehnte wandelte sich die Emigrationsbewegung von einer **Siedlungswanderung** (Suche nach ländlichen Siedlungsmöglichkeiten) zur **Arbeitswanderung** (Suche nach städtischen Arbeitsmöglichkeiten in der Industrie). Die deutsche Auswanderung des 19. Jahrhunderts verlief bis zum Ersten Weltkrieg wellenförmig und hatte drei Höhepunkte.

- **Erste Emigrationswelle:** Zwischen 1846 und 1857 verließen über eine Million Menschen auf der Flucht vor Missernten, Hungerkrisen und Unterbeschäftigung das Land. Ausgangspunkte waren besonders die ländlichen Gebiete Südwestdeutschlands, Mecklenburgs und Pommerns sowie die westdeutschen Heimgewerberegionen. Der amerikanische Bürgerkrieg (1861–65) brachte dann die Auswanderung für ein paar Jahre fast zum Erliegen.
- **Zweite Emigrationswelle:** Das Ende des Krieges und der darauf folgende Wirtschaftsaufschwung in den USA ließen die Emigrationsbewegung rasch wieder anschwellen. Zwischen 1864 und 1873 kehrten erneut über eine Million Menschen Deutschland den Rücken. Doch dieser zweite Boom währte nicht lange. Eine auch die USA heimsuchende schwere Wirtschaftskrise ließ ab 1873 die Auswandererzahlen wieder stark schrumpfen.
- **Dritte Emigrationswelle:** Da die schlechte Wirtschaftslage in Europa – anders als in den USA – bis in die 1890er-Jahre reichte, suchten ab etwa 1880 wieder Tausende ihr Heil in der Neuen Welt. Zwischen 1880 und 1893 wanderten knapp zwei Millionen Menschen aus. Die Emigration von Einzelpersonen nahm zu, neben den ländlichen Unterschichten bevölkerten nun auch arbeitslose Industriearbeiter die Auswandererschiffe.

LITERATUR

Weimarer Klassik

1786–1805

Allgemeine Charakteristika
Die Weimarer Klassik steht im Rahmen einer gesamteuropäischen Rückbesinnung auf die klassische Antike. Ihre Hauptvertreter waren neben dem späten Gotthold Ephraim Lessing die vom Weimarer Fürstenhof geförderten Christoph Martin Wieland, Johann Gottfried Herder und v.a. Johann Wolfgang von Goethe und Friedrich Schiller. Die Epoche im engeren Sinne begann mit Goethes Italienreise 1786 und endete mit Schillers Tod 1805.

■ **Grundhaltungen:** Ablehnung von nationalem Pathos, kosmopolitische Orientierung, Streben nach Ausgleich, Harmonie und evolutionärer Entwicklung in Auseinandersetzung mit der Franz. Revolution

■ **Themen, Ziele und Schwerpunkte:** Streben nach **Humanität** (Menschenwürde, Menschenrechte, Autonomie des schöpferischen Menschen, Toleranz); Betonung der **Autonomie der Kunst** (Abkehr vom Zweck- und Nützlichkeitsdenken), ästhetische Erziehung des Menschen durch Kunst und Literatur im Sinn zweckfreier individueller Vervollkommnung als Voraussetzung gesellschaftlicher Veränderungen

Autoren und Werke

■ **Theoretische Schriften und Bildungsromane:** Lessing („Über die Erziehung des Menschengeschlechts"), Herder („Briefe zur Beförderung der Humanität"), Schiller („Über die ästhetische Erziehung des Menschen"), Goethe („Wilhelm Meisters Lehrjahre")

■ **Dramen:** Lessing („Nathan der Weise"), Goethe („Iphigenie auf Tauris", „Torquato Tasso", „Faust I"), Schiller („Don Carlos", „Wallenstein", „Maria Stuart")

Romantik

um 1798 – um 1830

Allgemeine Charakteristika
Die deutsche Romantik war eine Reaktion auf die politischen und sozialen Umwälzungen der Zeit einerseits sowie auf die vernunftbetonte Aufklärung und die Klassik andererseits. Sie suchte neue literarische Ausdrucksformen, erstrebte eine Kunst und Leben verbindende Volksbewegung und entwickelte nationales Pathos. **Zentren** der Frühromantik: Jena und Berlin (August Wilhelm/Caroline Schlegel, Friedrich/Dorothea Schlegel, Novalis, Tieck); Zentrum der Spätromantik: Heidelberg (Achim Brentano/Bettina von Arnim, Eichendorff, Brüder Grimm)

■ **Grundhaltungen:** Weltflucht und **Hinwendung zum Privaten** einerseits, vom Mittelalter inspiriertes Nationalbewusstsein andererseits

■ **Thematische Schwerpunkte:** Betonung der **Gefühle** (Sehnsucht nach dem Unendlichen), **Naturschwärmerei,** Beschäftigung mit dem Dunklen, der Nacht, dem **Unheimlichen** und **Unbewussten,** Idealisierung des Mittelalters

■ **Darstellungsformen:** Lyrik, Märchen- und Liedersammlungen, Kunstmärchen; Novelle, Roman

Autoren und Werke

■ **Lieder- und Märchensammlungen, Kunstmärchen:** „Des Knaben Wunderhorn" (Arnim/Brentano), „Haus- und Kindermärchen" (Brüder Grimm), „Märchenalmanach" (Wilhelm Hauff), E.T.A. Hoffmann („Der goldene Topf")

■ **Roman/Novelle:** Novalis („Heinrich von Ofterdingen"), Tieck („Franz Sternbalds Wanderungen"), Eichendorff („Aus dem Leben eines Taugenichts"), E.T.A. Hoffmann („Nachtstücke", „Sandmann")

■ **Lyrik:** Gedichte und Lieder, besonders von Brentano, Eichendorff, Novalis („Hymnen an die Nacht")

Biedermeier und Vormärz

1815–1848

Allgemeine Charakteristika
Die Zeit des Biedermeier und des Vormärz zeigt kein einheitliches Bild. In Reaktion auf die herrschenden restaurativen Tendenzen der Zeit (Karlsbader Beschlüsse) neigten viele Schriftsteller zur Idyllisierung der Wirklichkeit, zu einem **Rückzug ins Private, zum Lob der Familie und der Natur.** Daneben meldeten sich politisch engagierte Autoren zu Wort, die die herrschenden Verhältnisse literarisch kritisierten (**Junges Deutschland:** Heinrich Heine, Karl Gutzkow, Heinrich Laube u.a.).

■ **Grundhaltungen:** Vorliebe für Harmonie und Ordnung, Neigung zu Schwermut und Weltschmerz; Engagement für Freiheit und Demokratie

Autoren und Werke des Biedermeier

■ **Erzählungen:** Adalbert Stifter („Bunte Steine", „Der Hochwald"), Jeremias Gotthelf („Uli der Knecht", „Die schwarze Spinne"), Karl Immermann („Münchhausen")

■ **Lyrik:** Eduard Mörike, Annette von Droste-Hülshoff, Ludwig Uhland, Friedrich Rückert

Autoren und Werke des Vormärz

■ **Prosaschriften:** Ludwig Börne („Briefe aus Paris"), Heinrich Heine („Reisebilder")

■ **Lyrik:** Heinrich Heine („Deutschland. Ein Wintermärchen"), Ferdinand Freiligrath, Georg Herwegh

■ **Drama:** Georg Büchner („Woyzeck", „Dantons Tod")

BILDENDE KUNST

Klassizismus

(etwa 1770 – etwa 1830)

Allgemeine Charakteristika

Der deutsche Klassizismus geht auf den Archäologen und Kunstgelehrten Johann Joachim Winckelmann zurück. Um 1750 entwickelte er eine ästhetisch-geistige Kunsttheorie und ein Schönheitsideal, das sich an den **Vorbildern der klassischen Antike,** besonders des alten Griechenland, orientierte. Deren Hauptwesenszug war für ihn eine „edle Einfalt und stille Größe", die es nachzuahmen gelte, wolle man vollkommene Kunstwerke schaffen. Diese Vorstellung wurde zum Leitbild des Klassizismus und beherrschte vor allem Bildhauerei und Architektur, zum Teil auch die Malerei bis etwa 1830.

Bildhauerei/Plastik

■ **Wiedergabe des schönen Menschen:** Die Künstler strebten danach, das Idealbild einer freien, geistigen und ästhetischen Persönlichkeit, wie sie es in den antiken Statuen verwirklicht sahen, zu schaffen. Es dominierten ruhige Formen und glatte Oberflächen, als Idealfarbe galt Weiß.

■ **Bedeutende Bildhauer:** Neben dem Italiener Antonio Canova und dem Dänen Bertel Thorvaldsen gilt der Berliner Johann Gottfried Schadow als bedeutender Vertreter der klassizistischen Plastik („Prinzessinnengruppe", „Quadriga" auf dem Brandenburger Tor).

Architektur

■ Ab etwa 1800 entstanden zahlreiche neue Zweck- und Repräsentativbauten, die die Architekten nun mit Attributen der **Bauformen der Antike** ausstatteten (Säulen, Kapitellen usw.).

■ **Bedeutende Architekten:** Carl Gotthard Langhans (Brandenburger Tor) und Karl Friedrich Schinkel (Neue Wache), Friedrich Weinbrenner (Marktplatz von Karlsruhe), Leo von Klenze (Alte Pinakothek, Walhalla [bei Regensburg]) und Georg Friedrich Ziebland (Staatliche Antikensammlung)

Malerei

■ Die Betonung von **Ruhe, Ebenmaß und Gleichgewicht** sowie ein Verzicht auf intensive Farbigkeit zeichnete die Malerei des Klassizismus aus.

■ **Bedeutende Maler:** Asmus Jakob Carstens (allegorische, mythologische und historische Themen), Philipp Friedrich Hetsch und Gottlieb Schick, Johann Heinrich Wilhelm Tischbein („Goethe in der römischen Campagna"), Joseph Anton Koch und Carl Rottmann (heroische Landschaftsmalerei), Angelika Kauffmann (Porträt Winckelmanns)

Romantik

(etwa 1800 – etwa 1860)

Allgemeine Charakteristika

■ Die Malerei der Romantik war – ähnlich wie die Literatur – durch die **Gefühlswelt** und die **schöpferische Phantasie** des Künstlers bestimmt. Entsprechend vielfältig waren die künstlerischen Themen und Ausdrucksformen.

■ Beliebt waren Stoffe aus der Vergangenheit sowie die Darstellung der Natur. Besonders in der **Landschaftsmalerei** vermittelten die Künstler **naturreligiöse Empfindungen,** unterschiedliche Stimmungen und Gefühlslagen sowie das **Erlebnis des Transzendenten** und Absoluten.

■ In der **Architektur** und der **Bildhauerei** dagegen spielte die emotionale Grundhaltung kaum eine Rolle. Kennzeichnend war allenfalls eine Hinwendung zur Vergangenheit (z. B. Neugotik).

Bedeutende Künstler

Philipp Otto Runge (Gemäldezyklus „Die Tageszeiten"), Caspar David Friedrich („Kreidefelsen auf Rügen", „Wanderer über dem Nebelmeer"); Künstlerbund der Nazarener, der sich an der Kunst des italienischen und deutschen Mittelalters orientierte und explizit christlich ausgerichtet war (Franz Pforr, Johann Friedrich Overbeck, Peter von Cornelius, Julius Schnorr von Carolsfeld); die Spätromantiker Ludwig Richter („Abendandacht im Walde") und Moritz von Schwind („Erlkönig", „Rübezahl")

Biedermeier

(1815 – 1848)

Allgemeine Charakteristika

■ Die Künstler des Biedermeier versuchten, in der Zeit der politischen Repression ein Gefühl der Geborgenheit zu vermitteln, das in der **häuslichen und familiären Idylle** seinen Mittelpunkt hatte.

■ Realistisch gestaltete Porträts, Familienszenen, Ausflüge in die Natur, Landschaften und liebenswürdige Stadtszenen standen im Vordergrund. Die Begleiterscheinungen der in dieser Zeit einsetzenden Industrialisierung, das Elend des Pauperismus und die Armut großer Teile der Landbevölkerung und des kleinen Handwerks wurden ausgeklammert.

Bedeutende Künstler

Ferdinand Georg Waldmüller („Mutter des Hauptmanns Stierle-Holzmeister", „Die Familie des Notars Dr. Josef August Eltz"), Franz Krüger (Reiterbilder und Jagdszenen), Carl Spitzweg („Der arme Poet", „Der Briefbote im Rosenthal", „Der Bücherwurm", „Der abgefangene Liebesbrief")

MUSIK

Wiener Klassik (etwa 1780–1827)

Allgemeine Charakteristika

Die klassische Epoche der Musik hatte ihr Zentrum in Wien, wo der Adel eigene Orchester unterhielt, Konzerte veranstaltete und begabte Komponisten förderte. Die herausragenden Vertreter der Wiener Klassik waren die drei Komponisten Joseph Haydn, Wolfgang Amadeus Mozart und Ludwig van Beethoven, die untereinander verbunden waren und sich gegenseitig beeinflussten. Ein zeitgenössischer Komponist und Musikkritiker spitzte den Unterschied zur Barockmusik auf folgende Punkte zu: Abkehr vom angeblich gekünstelten, unnatürlichen, polyphonen und verwirrenden Musikstil des Barock, Hinwendung zu Melodie und Harmonie, zu Einfachheit und Klarheit, zu Schönheit, Eindrücklichkeit und Erhabenheit.

Inhaltliche und formale Merkmale

■ eine stärkere **Betonung der weltlichen Musik,** die der Unterhaltung dienen soll (gesellschaftliche Gebrauchsmusik);
■ Hervortreten der **Melodie** als tragendes Element einer Komposition;
Hervorrufen **dramatischer Wirkungen** der Musik durch Wechsel von Satztechnik, Tempo und Lautstärke;
■ **kompositorische Ordnungsprinzipien** (z. B. Sonatenform, zyklische Anlage der Sätze von Großkompositionen wie Sinfonien und Konzerten);
■ Entwicklung bzw. Differenzierung und Verfeinerung **vielfältiger musikalischer Gattungen** (Sonate, Sinfonie, Konzert, Kammermusik [z. B. Streichquartett], Oper, Kirchenmusik).

Bedeutende Komponisten und Werke

■ **Instrumentalmusik:** Joseph Haydn (zahlreiche Sinfonien [z. B. „Mit dem Paukenschlag], Kammermusik [vor allem Streichquartette], Klaviersonaten, Vokalwerke [Lieder, Motetten, Kantaten]; Wolfgang Amadeus Mozart (zahlreiche Sinfonien [z. B. Linzer Sinfonie, Prager Sinfonie, Jupiter-Sinfonie], Violin-, Flöten-, Hornkonzerte, zahlreiche Klavierkonzerte, Kammermusik, Lieder und andere Vokalwerke); Ludwig van Beethoven (9 Sinfonien, Klavierkonzerte und Klaviersonaten, Kammermusik, Ouvertüren, Lieder)
■ **Oper:** Wolfgang Amadeus Mozart („Die Hochzeit des Figaro", „Don Giovanni", „Cosi fan tutte", „Zauberflöte"); Ludwig van Beethoven („Fidelio")
■ **Geistliche Musik:** Wolfgang Amadeus Mozart (Messe in c-Moll, „Requiem"); Ludwig van Beethoven („Missa solemnis")

Früh- und Hochromantik (etwa 1820–etwa 1860)

Allgemeine Charakteristika

Die Zeit der Wiener Klassik und die Entwicklung der Romantik lassen sich nicht sauber voneinander trennen. Sie überschneiden sich und gehen ineinander über. Ab etwa 1820 bis zum Ende des 19. Jahrhunderts war die Romantik die herrschende Stilrichtung. Im Unterschied zur Wiener Klassik rückte nun immer mehr das deutsche Bürgertum als musikalischer Kulturträger in den Vordergrund.

Inhaltliche und formale Merkmale

■ Musik als **Ausdruck subjektiver Gefühle** und Stimmungen;
■ allmähliche Auflösung der klassischen Musikformen und traditionellen Harmonik;
■ Verbindung der Musik mit außermusikalischen Bereichen bzw. Themen (**Programmmusik,** sinfonische Dichtung);
■ Ausweitung und Differenzierung der Orchestrierung zur Darstellung ausgefallener Feinheiten;
■ Aufnahme von Elementen der **Volksmusik** (Walzer, Polka, Mazurka u. a.);
■ Vorliebe für lyrische Klavierstücke und Etüden, für Konzertfantasien und Variationen;
■ Komposition **lyrischer Lieder** für Sologesang und Klavier;
■ **Opern mit nationalen Themen,** Rückgriff auf mittelalterliche Stoffe und Motiven aus der Märchen- und Sagenwelt.

Bedeutende Komponisten und Werke

■ **Instrumentalmusik:** Franz Schubert (Sinfonien, Kammermusik), Robert Schumann (Sinfonien, Konzerte, Kammermusik, Klavierstücke), Felix Mendelssohn Bartholdy (Sinfonien, Klavier- und Violinkonzerte, Klavierstücke)
■ **Lieder:** Franz Schubert („Winterreise", „Die schöne Müllerin"), Felix Mendelssohn Bartholdy, Carl Loewe („Balladen"), Robert Schumann (Liederzyklen)
■ **Oper:** Carl Maria von Weber („Der Freischütz"), Franz Schubert („Die Zauberharfe"), Albert Lortzing („Zar und Zimmermann", „Der Wildschütz", „Der Waffenschmied"), Heinrich Marschner („Der Vampyr"), Richard Wagner („Der fliegende Holländer", „Tannhäuser", „Lohengrin"), Otto Nicolai („Die lustigen Weiber von Windsor"), Friedrich von Flotow („Martha")

NATURWISSENSCHAFT UND TECHNIK

Physik

Neue Entdeckungen

■ Erforschung und Beschreibung der Phänomene der **Elektrizität** (Erfindung des Blitzableiters durch Benjamin Franklin, 1752; Beschreibung der Kräfte zwischen elektrischen Ladungen [coulombsches Gesetz], Charles A. de Coulomb, 1785; Entdeckung der Kontaktelektrizität durch Luigi Galvani, 1789; Erfindung der Batterie [voltasche Säule], Alessandro Volta, 1799; Begründung der Elektrodynamik: André-Marie Ampere, 1821, und Georg Simon Ohm, 1826)

■ Entdeckung und theoretische Beschreibung des **Elektromagnetismus** (Hans Christian Oersted, 1820; Michael Faraday, 1831; James Clerk Maxwell, 1864)

■ Formulierung der Hauptsätze der **Thermodynamik:** 1. Erhaltung der Energie (Julius Robert Mayer, 1842; James P. Joule, 1843; Hermann von Helmholtz, 1847); 2. Unmöglichkeit der vollen Umwandlung von thermischer Energie in andere Energiearten, Zunahme der Entropie (Lord Kelvin, 1848; Rudolf Clausius, 1854); 3. Unerreichbarkeit des absoluten Nullpunkts der Temperatur (Walther Nernst, 1905)

Chemie

Neue Entdeckungen

■ Entdeckung des Prinzips der **Oxidation** und der **Massenerhaltung** sowie des **Wasserstoffs** (Antoine de Lavoisier, ab 1772)

■ Entwicklung einer festen **Symbolschreibweise** der chemischen Elemente, von **Summen- und Strukturformeln,** eines Begriffssystems der organischen Chemie, von neuen Analysetechniken und -geräten

■ Entdeckung und Untersuchung zahlreicher Elemente und Verbindungen, Bestimmung des **Atomgewichts** (Jöns Jakob Berzelius, ab 1803)

■ Begründung der **organischen Chemie** (Friedrich Wöhler, Justus Liebig, Emil Fischer, ab 1828)

■ Entwicklung der **Biochemie** (u. a. Friedrich Wöhler, 1828; Emil Fischer, 1883)

■ Entwicklung der **Agrarchemie** und Anwendung von künstlichem Dünger (Justus Liebig, ab 1840)

■ **Strukturtheorie der Moleküle** (Friedrich August Kekulé, ab 1857)

■ **Spektralanalyse** (Robert Kirchhoff, Robert Bunsen, 1859)

■ **Massenwirkungsgesetz** (Cato Guldenberg, Peter Waage, 1864)

■ **Farbchemie** (Herstellung von synthetischen Farben und Arzneimitteln, Carl Graebe, Carl Liebermann, ab 1869)

■ **Periodensystem der Elemente** (Dimitri Mendelejew, Lothar Meyer, 1869)

Medizin

Neue Entdeckungen

■ Begründung der **Pathologie** und der **Histologie** (Marie François Bichat, ab 1796), Verbesserung des Mikroskops (Giovanni Battista Amici, 1827)

■ Verbesserung der Behandlungsmethoden bei Verletzungen und in der Chirurgie durch **Narkose** (Lachgas, Äther, Chloroform, ab 1844) und **Antisepsis** (ab etwa 1850, Ignaz Semmelweis)

■ Begründung der **Zellularpathologie** (Störungen in den Körperzellen als Ursache von Krankheiten, Rudolf Virchow, 1858)

■ Begründung der **Bakteriologie** (Bakterien als Verursacher von Zellkrankheiten, Robert Koch, Louis Pasteur, Paul Ehrlich, ab 1873): Entdeckung der Erreger von Milzbrand, Diphtherie, Tuberkulose, Lepra, Pest, Syphilis, Gonorrhöe

Biologie

Neue Entdeckungen und Theorien

■ Begründung der **Taxonomie** (Klassifizierung) im Tier- und Pflanzenreich (Carl von Linné, 1758)

■ Entwicklung der **Zelltheorie** (Theodor Schwann, Matthias Schleiden, 1839)

■ Begründung und Formulierung der **Evolutionstheorie** (Entstehung der Arten durch Anpassung, Jean-Baptiste de Lamarck, 1809; Entstehung der Arten durch natürliche Selektion, Charles Darwin, Alfred Russel Wallace, 1856)

■ Begründung der **Genetik** (Gregor Mendel, ab 1856; August Weismann, ab 1885; Thomas Morgan, ab 1910)

Technik

Technische Neuerungen als Grundlage der Industrielle Revolution:

■ Verbesserungen bei der **Stahlerzeugung** (Bessemer-Birne, ab 1856, Siemens-Martin-Verfahren, ab 1867, Thomas-Verfahren, ab 1877)

■ **Telekommunikation: Telegrafie** (Wilhelm Weber, Carl Friedrich Gauß, ab 1833), **Überseekabel,** ab 1850, **Telefon** (Philipp Reis, 1861, Graham Bell, 1876), **Funktelegrafie** (Ferdinand Braun, ab etwa 1900)

■ **Dynamo** als Stromgenerator (Werner von Siemens, 1866)

■ **Beleuchtung:** Gasbeleuchtung (ab etwa 1810), **Glühlampe** (Thomas Alva Edison, 1880)

Register

Zitatnachweise:

S. 6: Parlament von Paris, aus: Irmgard und Paul Hartig (Hg.), Die Französische Revolution, Stuttgart 1984 (Klett), S. 24 f.
S. 9: Montesquieu, aus: Irmgard und Paul Hartig (Hg.), a. a. O., S. 13
S. 13: Ballhausschwur, aus: Irmgard und Paul Hartig (Hg.), a. a. O., S. 42
S. 15: Zug der Frauen, aus: Georges Pernoud/Sabine Flaissier (Hg.), Die Französische Revolution in Augenzeugenberichten, München (dtv) 1976, S. 72
S. 22: Robespierre, aus: Irmgard und Paul Hartig (Hg.), a. a. O., S. 81 f.
S. 24: Danton, aus: Albert Soboul, Die Große Französische Revolution, Teil 2, Frankfurt (EVA) 1973, S. 268 f.
S. 27: Robespierre, aus: Irmgard und Paul Hartig (Hg.), a. a. O., S. 100
S. 30: Konsuln, aus: Wolfgang Lautemann/Manfred Schlenke (Hg.), Geschichte in Quellen, Bd. 4, München (Bayerischer Schulbuchverlag) 1981, S. 53
S. 36: Freiheitsgebet, aus: Walter Grab (Hg.), Freyheit oder Mordt und Todt. Revolutionsaufrufe deutscher Jakobiner, Berlin (Verlag Klaus Wagenbach) 1979, S. 80
S. 36: Knigge, aus: Adolph Freiherr Knigge, Josephs von Wurmbrand [...] politisches Glaubensbekenntnis mit Hinsicht auf die französische Revolution und deren Folgen, hg. von Gerhard Steiner, Frankfurt a. M. (Insel Verlag) 1968, S. 53
S. 48: Nipperdey, aus: Thomas Nipperdey, Deutsche Geschichte 1800 – 1866. Bürgerwelt und starker Staat, München (Verlag C. H. Beck) 6. Aufl. 1993, S. 97
S. 51: Metternich, aus: Joachim Rohlfes, Staat und Nation im 19. Jahrhundert, Stuttgart (Klett) 1990, S. 35
S. 52: Burschenschaften, aus: Peter Alter u. a. (Hg.), Grundriß der Geschichte. Dokumente, Bd. 2, Stuttgart (Klett) 1985, S. 48
S. 52: Wehler, aus: Hans-Ulrich Wehler, Deutsche Gesellschaftsgeschichte, Bd. 2, München (C. H. Beck) 1987, S. 335
S. 56: von Metternich, aus: Wolfgang Rothe, Der politische Goethe, Göttingen (Vandenhoeck & Ruprecht) 1998, S. 235
S. 62: Friedrich Wilhelm IV., aus: Wolfgang J. Mommsen: 1848. Die ungewollte Revolution. Die revolutionären Bewegungen in Europa 1830 – 1849, Frankfurt (S. Fischer Verlag) 1998, S. 82 f.
S. 63: Büchner, aus: Der Hessische Landbote
S. 65: Friedrich Wilhelm IV., aus: www.documentarchiv.de
S. 66: Siebenpfeiffer, aus: www.fes.de/archiv
S. 70: Friedrich Wilhelm IV., aus: Gilbert Krebs, Bernard Poloni (Hg.), Volk, Reich und Nation. 1806 – 1918. Texte zur Einheit Deutschlands in Staat, Wirtschaft und Gesellschaft, Paris (Institut d'Allemand d'Asnières) 1994, S. 120
S. 75: Protoindustrie, aus: John U. Nef, The Rise of the British Coal Industry, London 1932, S. 231; nach: Franz Selmeier, Eisen, Kohle, Dampf. Die Schrittmacher der industriellen Revolution, Reinbek (Rowohlt) 1984, S. 101
S. 76: Weerth, aus: Hans-W. Ballhausen u. a. (Hg.), Geschichte und Geschehen II Oberstufe, Ausgabe A/B, Stuttgart (Klett) 1997, S. 14
S. 86: Tabelle Bevölkerungsentwicklung, aus: Wolfgang Köllmann, Die Industrielle Revolution, Stuttgart (Klett), 5. Aufl. 1975, S. 3, ergänzt durch Hans-Ulrich Wehler, Deutsche Gesellschaftsgeschichte, Bd. 1, München (C. H. Beck) 1987, S. 69
S. 87: List, aus: Werner Ripper (Hg.), Weltgeschichte im Aufriß, Band 2, Frankfurt (Diesterweg), 2. Aufl. 1976, S. 121
S. 89: Andersen, aus: http://complit.ku.dk/islamineuropeanliterature
S. 97: Wilhelm Wolff, aus: Asmut Brückmann (Hg.), Von der Armenfürsorge zum Sozialstaat, Stuttgart (Klett) 1991, S. 36 f.
S. 103: Elberfelder System, aus: Asmut Brückmann (Hg.), a. a. O., S. 43 f.

Bildquellennachweis:

akg-images, Berlin: S. 7
Bibliographisches Institut, Mannheim: S. 10 f., 17, 19, 22, 25, 31, 38, 40 f., 46 f., 52, 66, 69, 77, 81 f., 90 f., 100
Directmedia Publishing, Berlin: S. 65
picture-alliance/akg-images, Frankfurt am Main: S. 12, 48, 53, 54 f., 88, 101
picture-alliance/dpa, Frankfurt am Main. S. 67
picture-alliance/IMAGNO/Austrian Archives, Frankfurt am Main: S. 44
picture-alliance/kpa photo archive, Frankfurt am Main: S. 78